un deux trois

**Bryan Goodman-Stephens
and Bernard Kavanagh**

 LONGMAN

Acknowlegements

To Pamela Goodman-Stephens for her grasp of the project as a whole, and her attention to every last detail, many thanks.

To Rebecca Goodman-Stephens (13¾), for the title.

We are grateful to the following for their permission to reproduce copyright material and photographs:

John Birdsall for pages 21 (bottom right), 22 (Georges), 57 (Fatira, Nathalie, Halim), 69 (right), 82 (A, G, H). The Bridgeman Art Library for pages 48 and 49 (top left, middle left, middle right, top right). J. Allan Cash for page 44 (No.5). Colorific/Jim Pickerell for page 50 (top right), /Eric Spiegelhalter/Focus for page 105 (D), /George Zimbel for page 55 (bottom left). Comstock for page 55 (middle right), 105 (B, H). Les Editions de l'Atelier for the poem *Leçon de choses* by Jean-Luc Moreau. Greg Evans International Photolibrary for page 62 (B), 68 (C, D), 107 (C). Robert Harding Picture Library for page 50 (middle right, bottom left). 53 (top right, upper middle right, bottom left), 68 (J), 81 (upper middle right). The Image Bank for page 62 (C), /Werner Dieterich for page 53 (upper middle left), /Andre Gallant for page 55 (top right), /Marc Grimberg for page 53 (top middle left), /C. Irion for page 55 (top left), /Cesar Lucas for page 62 (E), /Stefano Scata for page 81 (lower middle left), /Maria Taglient for page 50 (bottom middle), 53 (top left), /Paul Trummer for page 55 (bottom right). Images Colour Library for page 81 (upper middle left). Pictor International for pages 81 (top right), 100, 105 (E). Tony Stone Images for pages 11 (No.1), /Tony Craddock for page 50 (bottom right), /Graeme Harris for page 105 (C), /Zigy Kaluzny for page 107 (D), /Tony Latham for page 53 (lower middle right), /Andy Sacks for page 105 (A), /Stephen Studd for page 53 (middle left), /Arthur Tilley for page 53 (lower middle left), /Penny Tweedie for page 107 (G), /David Young Wolff for pages 81 (upper middle right), 99, /Keith Wood for page 62 (F). Telegraph Colour Library for page 11 (No.4 & 5), 105 (E), 107 (F), /Doug Corrance for page 107 (A), /F.P.G. A. Tilley for page 105 (F), /F.P.G. J.T. Turner for page 68 (H), /Mr Paul Von Stroheim for page 34. Tropix/M&V Birley for page 53 (top middle right, bottom right), 55 (middle left). John Walmsley for page 62 (D). Zefa Pictures Ltd for pages 11 (No.2), 44 (No.3), 50 (top left).

Addison Wesley Longman Ltd
Edinburgh Gate, Edinburgh Way, Harlow, Essex, CM20 2JE, England and Associated Companies throughout the world.

© Addison Wesley Longman Ltd 1997

The rights of Bryan Goodman-Stephens and Bernard Kavanagh to be identifed as authors of this work have been asserted by them in accordance with the Copyright, Design and Patents Act 1988.

First published 1997
Designed by Gecko Ltd
Illustrated by:
Kathy Baxendale: pp. 35tr, 47, 64, 69, 71, 76, 99, handwriting.
Kevin Faerber: pp. 3, 12, 22, 23mr,bl, 26, 29, 70tl, 80,82, 88, 99.
Christyan Fox: pp. 70b, 76, 90+91, 95, 98.
Gecko Ltd: All DTP illustration and graphics.
Jackie George: pp. 4, 14br, 27, 28, 42+43, 58, 59, 60+61, 74, 75, 108+109.
Lorna Kent: pp. 18+19, 34, 35bl, 45, 78+79.
Gillian Martin: pp. 10, 44, 62, 65, 104.
Tania Hurt Newton: pp. 2, 8, 14l,tr, 15, 16, 17, 21, 23tl, 30+31, 51, 52, 56, 77, 84+85, 106.
Peter Richardson: pp. 2tl, 6+7, 20tl, 24+25, 36+37, 38tl, 48+49, 72+73, 86, 87, 96+97, 102.

Picture research by Hilary Fletcher.

Set in *Mixage* and *Leawood*
Produced by Longman Asia Limited, Hong Kong
GCC/01

ISBN 0582 294371

Introduction

Welcome to Un, deux, trois!

Your new French book has six chapters (*Chapitres*). Each *Chapitre* is divided into three units (*Unités*). At the start of each *Unité* there is a list of what you are going to learn. Symbols tell you when you will be speaking ◈, listening ◈, reading ◈ and writing ◈. Every activity has an example (*Exemple*) to start you off. There are also information boxes (*Résumés*) which group together useful words. There are detective tasks given in *Sur la piste* boxes which set you questions about French grammar. The solutions to *Sur la piste* are upside down, usually on the same page. At the end of each Unité, there is a cartoon story, puzzle or other reading activity (*Club lecture*). *Mot-à-mot* boxes contain key words. At the end of the book, there are two sections to help you understand and use French (Grammar and Language matters). Finally to help you find words you don't know, there is a French-English and English-French vocabulary section.

Un, deux, trois!
Off you go!

Contents

Chapitre 1

Unité 1

In this unit you will learn:

- **to understand and use commands**
- **to count to ten in French**
- **to read a cartoon.**

1 Lève-toi!

Ecoute et lis.

2 Ramasse ça!

Fais des paires.

Exemple: 1C.

1 Lève-toi!	**4** Assieds-toi!
2 Ramasse ça!	**5** Ouvre le placard!
3 Ferme la porte!	**6** Attends!

3 Magali

Regarde les images à la page 2.
Que dit chaque personne?
Recopie la grille et remplis les blancs.

papa	maman
	Lève-toi, Magali!
Magali	**Benjamin**

Mot-à-mot

Lève-toi!	*Get up!*
Ramasse ça!	*Pick that up!*
Ferme le placard!	*Shut the cupboard!*
Assieds-toi!	*Sit down!*
Ouvre la porte!	*Open the door!*
Attends!	*Wait!*
Debout!	*Stand up! (Get up!)*

1 Un, deux, trois...

Ecoute et répète.

2 C'est quel numéro?

Regarde les images et choisis.

Exemple: 1A.

| 1 | **A** trois | **B** deux | **C** quatre |

| 2 | **A** deux | **B** dix | **C** six |

| 3 | **A** huit | **B** cinq | **C** deux |

| 4 | **A** huit | **B** cinq | **C** six |

| 5 | **A** quatre | **B** cinq | **C** sept |

| 6 | **A** huit | **B** sept | **C** cinq |

| 7 | **A** dix | **B** deux | **C** un |

| 8 | **A** huit | **B** neuf | **C** trois |

| 9 | **A** cinq | **B** six | **C** quatre |

3 Les nombres

Vrai ou faux?

Exemple: *1 faux.*

1 Il y a sept pages dans l'unité un.

2 Il y a six images à la page deux.

3 A la page six, il y a trois images.

4 Il y a huit lettres dans le nom 'Benjamin'.

5 A la page un, Magali a trois frères.

4 Des séries

Complète les séries.

Exemple: *Deux, trois, quatre.*

1 Deux, trois, ...

2 Neuf, huit, sept, ...

3 Deux, quatre, six, ...

4 Sept, cinq, trois, ...

5 Un, quatre, sept, ...

6 Zéro, deux, quatre, ...

5 Combien de personnes?

Regarde et écris les numéros.

Exemple: *1 Il y a neuf personnes dans la salle A.*

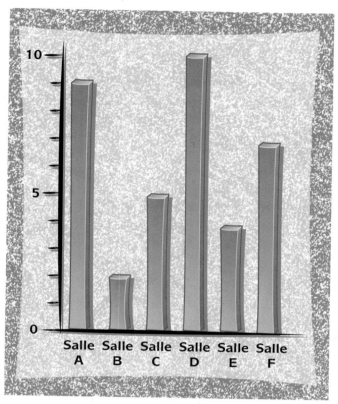

Résumé

Les numéros de 0 à 10:

0 zéro	6 six
1 un	7 sept
2 deux	8 huit
3 trois	9 neuf
4 quatre	10 dix
5 cinq	

Une vie de chien

Ecoute et lis.

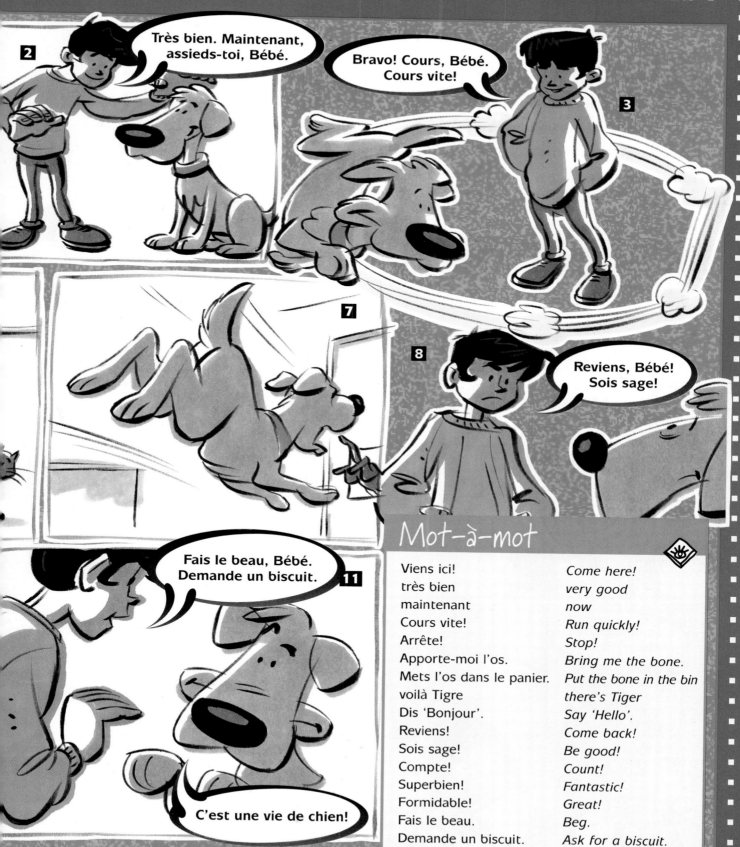

Mot-à-mot

Viens ici!	Come here!
très bien	very good
maintenant	now
Cours vite!	Run quickly!
Arrête!	Stop!
Apporte-moi l'os.	Bring me the bone.
Mets l'os dans le panier.	Put the bone in the bin
voilà Tigre	there's Tiger
Dis 'Bonjour'.	Say 'Hello'.
Reviens!	Come back!
Sois sage!	Be good!
Compte!	Count!
Superbien!	Fantastic!
Formidable!	Great!
Fais le beau.	Beg.
Demande un biscuit.	Ask for a biscuit.
C'est une vie de chien!	It's a dog's life!

Unité 2

In this unit you will learn:

- to say what your name is
- to say which class you are in
- to count from 11 to 31
- to say the date.

1 Salut!

Ecoute et répète.

2 Je m'appelle Sylvie

Fais des dialogues avec ton/ta partenaire. Choisis un prénom, une classe et une salle.

prénoms	Sylvie Nathalie	Daniel Henri
classes	6ᵉA 6ᵉC	6ᵉB 6ᵉD
salles	10 6	9 5

3 Je fais l'appel

Ecoute. Qui est absent?
Ecris le prénom.

Exemple: *Luc.*

lundi, 9 septembre

DUMONT Luc
DUTERTRE Dominique
EVREMOND Michelle
FENELON Marc
FOURNIER Jeanne
GRENIER Marie
HAMEL Léon
HENRI Nathalie
KABA Alia
LALO Sylvie
NUR Osman

> Bonjour la classe. Alors, je fais l'appel... Luc Dumont?

> Luc est absent, monsieur.

4 Marc Fénelon

Recopie et remplis les blancs.

– Salut!

– Je _____ Marc.

– Je suis en _____ .

– Luc est dans ma _____ aussi.

– Mais, il est _____ aujourd'hui.

| classe | absent | 6ᵉA | m'appelle |

1 Entrez!

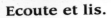

Ecoute et lis.

Entrez!

A

Sortez vos cahiers!

B

Regardez!

C

Ouvrez vos livres! A la page 3.

D

Levez le doigt!

E

Vous avez fini?

F

Rangez vos affaires!

G

2 Asseyez-vous!

Ecoute. **Quel est le bon ordre?**

Exemple: 1F.

Sur la piste

There are two ways of telling people to do things. Look at these two lists:

Lève le doigt!	**Levez le doigt!**
Viens!	**Venez!**
Ouvre la porte!	**Ouvrez la porte!**
Ferme le placard!	**Fermez le placard!**

1 Practise saying these commands with a partner. Can you hear the difference between the two lists?

2 Look at how the commands are written down. What difference do you see?

3 Ask your partner to test you on some from each list. Can you get the sound right?

4 Work out why there are two ways of giving commands in French.

3 Bonjour!

Ecoute. Fais des paires.

Exemple: 1B.

5

4

3

6

1

2

A   Bonjour, madame.
B   Excusez-moi, monsieur.
C   Salut!
D   Bonjour, maman.
E   Excusez-moi d'être en retard, monsieur.
F   Excusez-moi, madame.

Sur la piste solution

2 The commands in the second list end with the same '–**ez**' sound.

4 You use the ones in the first list (**Lève**, **Viens**, etc.) when talking to someone you know well (or the dog!). You use those in the second list (**Levez**, **Venez**, etc.) when talking to more than one person or to someone you do not know very well.

1 C'est quelle salle?

Ecoute. Ecris l'ordre des salles.

Exemple: 1:13.

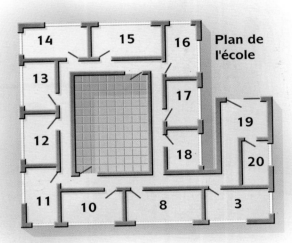

Plan de l'école

14 15 16
13
17
12
19
18 20
11 10 8 3

Sur la piste

Look at these numbers. Think about what they mean, and look at how they are spelt. What do you notice?

11	onze	19	dix-neuf
12	douze	20	vingt
13	treize	21	vingt et un
14	quatorze	22	vingt-deux
15	quinze	29	vingt-neuf
16	seize	30	trente
17	dix-sept	31	trente et un
18	dix-huit		

2 La salle treize

Regarde le plan de l'école.
Fais des dialogues avec ton/ta partenaire.

Exemple:

C'est là.

La salle treize?

3 Quel casier?

Recopie les prénoms.
Ecoute et écris les numéros.

Exemple: Luc 22.

Luc Marie Alia Dominique Henri

Michelle Jeanne Nathalie Léon Osman

Club lecture

1 Vocabulaire en paires

Fais des paires.

Exemple: 1 *un tableau.*

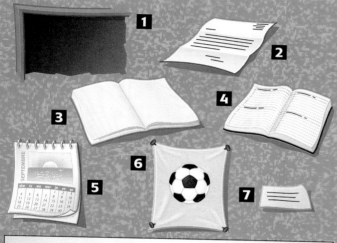

un tableau   un agenda   un calendrier

une affiche   un cahier   un message   une lettre

2 Quelle est la date?

Ecoute.   Vrai ou faux?

Exemple: 1 *faux.*

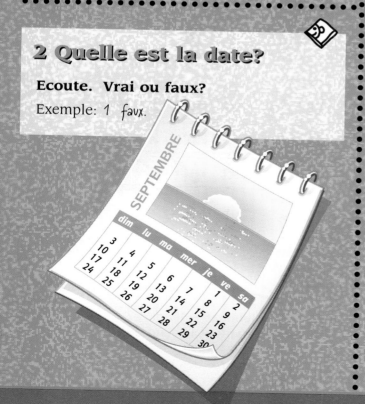

3 Les dates

Recopie la date.

Exemple: 1 *lundi onze septembre.*

lundi 11 septembre   **1**

mercredi 13 septembre   **2**

samedi 23 septembre   **3**

Rouen
jeudi 28 septembre   **4**

mardi 5 septembre

magasin fermé
pour cause maladie   **6**

CHAMPIONNAT
DE FRANCE:
dimanche 17 septembre
AUXERRE
contre
PARIS-SAINT-GERMAIN   **5**

SEPTEMBRE

dim	lu	ma	mer	je	ve	sa
					1	2
3	4	5	6	7 ski 8	8	9
10	11	12	13	14	(15)	16
17	18	19	20	21	22	23
24	25	26	27	28	29	30

7

Sur la piste solution

1 Three of the numbers in the 'teens' have the word for ten in them but, unlike English, the word for ten comes first **dix-sept, dix-huit, dix-neuf.**

2 All numbers from 22 to 29, are joined with a hyphen.

3 The word **et** (*and*) is used in 21, 31, etc.

Unité 3

In this unit you will learn:

- **to talk about food you like and dislike**
- **to say where you eat at lunchtime**
- **to say on which day things happen.**

1 A la cantine

Ecoute et répète.

Tu aimes ça?

Bon. Rangez vos affaires. Il est midi.

Non, je préfère les spaghetti.

Moi aussi.

Magali, tu manges à la cantine?

Oui. Et toi?

Moi aussi.

2 Sondage

Tu manges à la cantine?

Pose cette question à des partenaires.

1 Oui, le lundi et le jeudi.
2 Oui, le mardi et le vendredi.
3 Oui, tous les jours.
4 Non, j'apporte des sandwichs.
5 Non, je rentre chez moi.

3 J'aime les frites

Regarde les images. Vrai ou faux?

Exemple: 1 *vrai.*

1 Magali n'aime pas le poisson.
   Elle aime les spaghetti.

2 Louise n'aime pas les omelettes.
   Elle aime les yaourts.

3 Sabine aime les frites.
   Elle n'aime pas la mousse au chocolat.

4 Luc aime le Coca.
   Il n'aime pas le fromage.

5 Jérémy n'aime pas les hamburgers.
   Il aime les glaces.

6 Benoît aime les pizzas.
   Il n'aime pas les saucisses.

♥ …aime
✗ …n'aime pas

1 Magali

2 Louise

3 Sabine

4 Luc

5 Jérémy

6 Benoît

4 Et toi?

Dresse deux listes.

Exemple:

j'aime	je n'aime pas
les frites	les yaourts

1 A la carte

Regarde les menus.
Recopie les phrases et remplis les blancs.

Exemple: *J'aime les frites et les spaghetti.*
Je mange à la cantine le jeudi et
le vendredi.

1   J'aime les glaces et les spaghetti.
Je mange à la cantine le _____ et le _____ .

2   J'aime les hamburgers.
Je mange à la cantine le _____ .

3   J'aime les pizzas et la mousse au chocolat.
Je mange à la cantine le _____ et le _____ .

4   J'aime les glaces et le fromage.
Je mange à la cantine le _____ et le _____ .

Sur la piste

Look at these sentences and match them with the English.

J'aime le fromage.	*I don't like chips.*
J'aime la mousse au chocolat.	*Do you like pizza?*
Je n'aime pas les frites.	*I like cheese.*
Tu aimes les pizzas?	*Put your hand up.*
Lève le doigt.	*I like chocolate mousse.*

What do you notice?

SEMAINE DU 9 SEPTEMBRE

lundi   mardi   jeudi   vendredi

Sur la piste solution

French speakers sometimes use words for 'the' – **le, la, les** – when an English speaker would not.

2 Tu manges à la cantine?

Pose des questions à quatre partenaires. Recopie et remplis la grille.

Exemple:

Magali, tu manges à la cantine? Oui.

Tu aimes les pizzas? Oui.

Tu aimes le poisson? Non.

Tu aimes les glaces? Oui.

Tu aimes les spaghetti? Oui.

Sur la piste

Here are the words for the days of the week:

lundi	*Monday*	**vendredi**	*Friday*
mardi	*Tuesday*	**samedi**	*Saturday*
mercredi	*Wednesday*	**dimanche**	*Sunday*
jeudi	*Thursday*		

1 Say them aloud with a partner. What do you notice?

2 Look at the spelling. What do you notice?

prénom	cantine	pizza	poisson	glaces	spaghetti
Magali	✔	✔	✘	✔	✔

Sur la piste solution

1 Every day except **dimanche** ends with the same sound '**-di**'.

2 French days of the week start with a small letter. English days start with a capital letter.

Club lecture

Globule

Lis le texte.

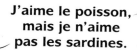

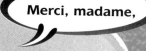

Mot-à-mot

Tu viens chez moi?	*Do you want to come to my house?*
timide	*shy*
les filles	*girls*
A table.	*Dinner's ready.*
merci	*thank you*
Bon appétit!	*Enjoy your meal!*

Chapitre 2

Unité 1

In this unit you will learn:

- to say how many brothers and sisters you have
- to say how old you are
- to talk about which school subjects you like or dislike.

Ecoute et lis.

Moi, je m'appelle Théo. J'ai un frère et deux sœurs.

Je suis Isabelle. J'ai deux frères et une sœur.

Moi, je suis Marc. J'ai un frère et deux sœurs.

Je m'appelle Sylvie. J'ai deux frères et une sœur.

2 J'ai deux sœurs et deux frères

Que dit chaque personne? Ecris des phrases.

Exemple: *Je suis Sophie. J'ai deux sœurs et deux frères.*

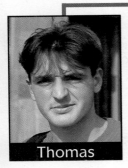

Thomas
Marie
Sophie
Monique
Frank

3 Tu as des frères et des sœurs?

Regarde les images et lis les phrases. Vrai ou faux?

Exemple: 1 *vrai.*

| Marion | Magali | Luc | Yann | Elsa | Marc | Benoît | Claire | Martin | Louise |

1 Marion a deux frères.

2 Magali a une sœur.

3 Luc a un frère.

4 Yann a un frère et une sœur.

5 Elsa a deux frères et une sœur.

6 Marc a un frère et deux sœurs.

7 Benoît a deux sœurs.

8 Claire a trois frères.

9 Martin est fils unique.

10 Louise est fille unique.

4 Sondage

Trouve quelqu'un dans la classe qui a:

A un frère

B deux frères

C trois frères

D une sœur

E deux sœurs

F trois sœurs

Trouve quelqu'un dans la classe qui est:

G fils unique

H fille unique

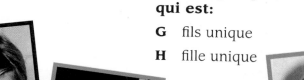

Tu as un frère?

Non, j'ai deux frères.

Tu es fille unique?

Oui.

1 Tu as quel âge?

Ecoute, lis et répète.

– Salut. Tu t'appelles comment?
– Sarah.
– Tu as quel âge?
– Douze ans.
– Moi aussi.

2 J'ai douze ans

Ecoute et choisis.

Exemple: *1 Emmeline.*

Sabine
seize ans

Georges
onze ans

Emmeline
douze ans

Calais

Rouen

Paris

Tours   Strasbourg

F R A N C E

Bordeaux

Laure
treize ans

Thomas
quinze ans

Toulon

Claire
quatorze ans

Matthieu
dix ans

3 Salut!

Ecoute. Quel âge a chaque personne?
Recopie la grille et remplis les blancs.

Exemple: *Marianne a douze ans.*

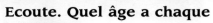

Marianne	Sarah	Robert	Alexandre	Maryse
12 ans				

4 J'aime les maths

Ecoute et regarde. Qui parle?

Exemple: 1 *Sabine.*

	l'anglais	le français	les maths	l'histoire	la géographie	le sport	les sciences
Sabine	♥	🗡	♥				
Yann	♥	♥		🗡			
Luc			♥	♥	🗡		
Emilie				♥		♥	🗡
Mohamed	🗡		♥				
Maryse	♥					🗡	♥

5 Je m'appelle Hélène

Ecoute et lis. Quelle est la bonne réponse?

Exemple: *1C.*

1 Salut. Je m'appelle Hélène et toi?

_____ .

2 Tu as quel âge?

_____ .

3 Et toi?

_____.

4 Tu as des frères et des sœurs?

_____.

5 Tu aimes les maths?

_____.

A Oui, une sœur.
B Onze ans.
C Je suis Frédérique.
D Oui, ça va.
E J'ai onze ans aussi.

Maintenant, recopie les dialogues.

Sur la piste

Look at this list:

J'ai trois sœurs.

J'ai treize ans.

J'ai un frère.

Tu as quel âge?

Tu as des frères et des sœurs?

What are the two meanings of '**J'ai**' and '**Tu as**'?

Sur la piste solution

J'ai
— *I have* — e.g. **J'ai un frère.**
— *I am* — e.g. **J'ai douze ans.**

Tu as
— *Have you?* — e.g. **Tu as des frères?** *or you have* — e.g. **Tu as deux sœurs.**
— *Are you?* — e.g. **Tu as quel âge?** *or you are* — e.g. **Tu as treize ans.**

Club lecture

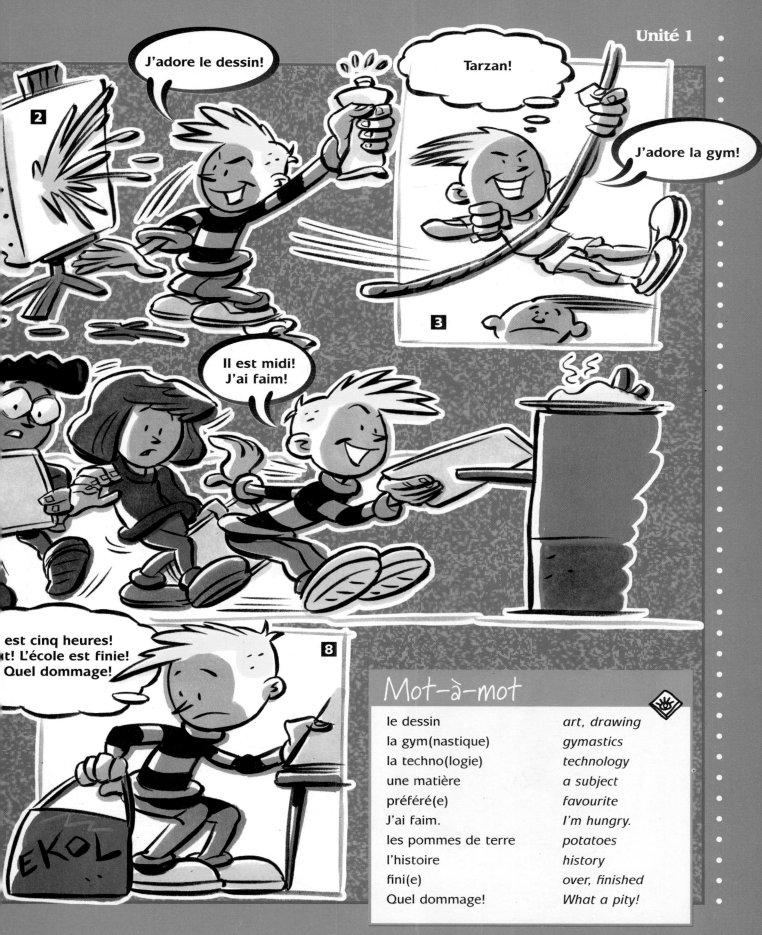

Mot-à-mot

le dessin	*art, drawing*
la gym(nastique)	*gymastics*
la techno(logie)	*technology*
une matière	*a subject*
préféré(e)	*favourite*
J'ai faim.	*I'm hungry.*
les pommes de terre	*potatoes*
l'histoire	*history*
fini(e)	*over, finished*
Quel dommage!	*What a pity!*

Unité 2

In this unit you will learn:

- **things to say when playing games**
- **numbers from 32 to 60**
- **to give instructions for using a calculator.**

1 Tu veux jouer?

Ecoute et lis.

1 – Tu veux jouer?
– Oui.
– Tu veux commencer?
– Oui, d'accord.
– Appuie là.
– Ça y est. Ça commence.

2 – Tu veux jouer à l'ordinateur?
– Oui, je veux bien. J'adore ça!
– Moi, je commence, d'accord?
– Oui, d'accord.
– Tape sur la barre.
– Ça commence. A toi!
– Paf! J'ai gagné!

2 A l'ordinateur

Relie les mots et les images.

A Tu veux jouer à l'ordinateur?
B Tape sur la barre!
C Ça commence!
D Appuie là!
E J'ai gagné!

3 Ça commence

**Fais des dialogues avec
ton/ta partenaire.**

Exemple: – Tu veux jouer à l'ordinateur?
– Oui, je veux bien...

4 C'est quel numéro?

Ecoute et regarde les images.
Fais des paires.

Exemple: 1C.

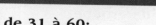

| vingt | trente | trente-six | quarante |
| quarante-cinq | cinquante | cinquante-cinq |
| soixante |

Résumé

Les numéros de 31 à 60:

31 trente et un	40 quarante
32 trente-deux	41 quarante et un
33 trente-trois	42 quarante-deux
34 trente-quatre	43 quarante-trois
35 trente-cinq	50 cinquante
36 trente-six	51 cinquante et un
37 trente-sept	55 cinquante-cinq
38 trente-huit	60 soixante
39 trente-neuf	

1 La Loterie nationale

Ecoute et choisis.

Exemple: 1 A.

A

B

C

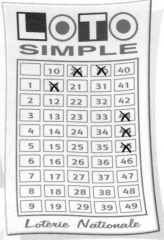

D

E

F

2 Loto!

Travail de groupe.

Le numéro gagnant, c'est le 4, le 11, le 23, le 24, le 40 et le 45.

G

H

3 Prenez votre calculette

Ecoute et fais des paires.

Exemple: 1C.

A
60
− 40
× 2
= 40

B
60
− 45
× 2
= 30

C
60
+ 40
÷ 10
= 10

D
50
− 23
÷ 9
= 3

E
50
+ 42
÷ 2
= 46

F
50
− 42
× 3
= 24

G
45
+ 55
÷ 20
= 5

H
45
+ 45
÷ 10
= 9

4 Prends ta calculette

Fais des calculs avec ton/ta partenaire.

Exemple:

A Moi, je commence...
Tape le nombre vingt.
Soustrais cinq.
Multiplie par trois.
Divise par quinze.
Ça fait combien?

B Trois.

A C'est juste. A toi maintenant.

Résumé

Telling people to do things:

tape (tapez) sur la barre	*press the space bar*
appuie là (appuyez là)	*press there*
commence (commencez)	*start*
à toi (à vous)	*your go*
ajoute (ajoutez)	*add*
soustrais (soustrayez)	*subtract*
multiplie (multipliez)	*multiply*
divise (divisez)	*divide*
prends (prenez)	*take*

Club lecture

Ah non, maman! On danse. On s'amuse.

Bonjour les enfants. Et bon anniversaire à Patrick! Alors, mon premier tour...

3

C'est supernul. Ah, non. C'est enfantin.

Je bats les cartes. Je bats bien les cartes...

7 Voilà! Le dix de cœur!

10

11 Viens, Médor.

ête ça, Médor!
as ça, Médor!

14

Au revoir, Patrick... Bon anniversaire.

Mot-à-mot

le prestidigitateur	*the conjuror*
voici...	*here is...*
danser	*to dance*
On s'amuse.	*We're having a good time.*
un tour	*a trick*
supernul	*hopeless*
enfantin	*childish*
choisir	*to choose*
une carte	*a card*
battre	*to shuffle*
cœur	*hearts (in playing cards)*
bon	*good*
le gâteau	*cake*

Unité 3

In this unit you will learn:

- **to invite people to a birthday party**
- **to talk about food and drink**
- **a poem and a song.**

1 Mon anniversaire

Ecoute et répète.

- Samedi, c'est mon anniversaire.
- Chouette!
- Tu viens à la fête?
- Oui, bien sûr! Ça commence à quelle heure?
- A cinq heures.

Samuel

Alice

2 Lundi, c'est...

Fais des dialogues.
Change le jour, l'heure et la réaction.

Exemple:

— <u>Lundi,</u> c'est mon anniversaire.

— <u>Super!</u>

— Tu viens à la fête?

— Oui, bien sûr! Ça commence à quelle heure?

— <u>A sept heures.</u>

lundi mardi mercredi jeudi vendredi
samedi dimanche

Super! Extra! Chouette!

une heure   deux heures

trois heures   quatre heures

cinq heures   six heures

sept heures   huit heures

3 Message au téléphone

Ecoute le répondeur.
Recopie la grille et écris le message.

Exemple:

	jour	heure
1	lundi	sept heures
2		
3		
4		
5		

On mange des cacahuètes.

On boit du jus de pomme.

On mange des chips.

4 La fête

Ecoute. Vrai ou faux?

Exemple: 1 vrai.

On mange des gâteaux.

On mange du fromage.

On mange des sandwichs.

On mange des bonbons.

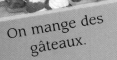

On mange des biscuits.

On boit de l'Orangina.

5 Bonne idée

Travaille avec ton/ta partenaire.
Fais des dialogues.

Exemple:

— On mange des chips?
— Bonne idée.
— On boit du jus de pomme?
— Ah, non.

Chouette!   Super!   Non, pas ça.
Oui!   Extra!   Ah, non.
J'adore ça!   Je n'aime pas ça!

1 Des cadeaux

Ecoute. Qu'est-ce que c'est?

Exemple: 1 C.

un livre   une BD   une cassette vidéo

un CD   un jean   un bracelet

une cassette de musique pop   un stylo

2 Et toi

Fais des dialogues avec ton/ta partenaire.

Exemple:

— Qu'est-ce que c'est?
— C'est un bracelet?
— Non.
— C'est un stylo?
— Oui.
— Super!

3 Bon anniversaire

Chante.

Bon - ann - i - ver - saire   bon - ann - i - ver - saire

bon - ann - i - ver - saire   bon - ann - i - ver - saire.

Sur la piste

Look at these words:

une cassette	**un bracelet**
un stylo	**un livre**
un croissant	**des cassettes**
une BD	**des stylos**
des livres	**un chien**
une classe	**une salle**
des BD	**des croissants**

1 How many different words come before the noun (object)?

2 What do these words mean in English?

3 List the nouns in three columns according to which word comes before them.

4 Un cadeau d'anniversaire

Lis le poème.

> *Je t'offre un cadeau,*
>
> *Un cadeau superbien!*
>
> *Viens, mon petit, viens!*
>
> *Allez, viens, regarde-moi ça!*
>
> *Allez, Bébé, joue!*
>
> *Tu es content? C'est bien pour toi!*
>
> *Un os en caoutchouc!*

5 Merci bien

Lis la lettre.

> Chère Hélène,
>
> Merci bien pour la cassette.
> Elle est très bien. J'aime
> beaucoup la musique!
> Ta copine,
>
> Sabine

Ecris une lettre. Change le cadeau et la description.

Sur la piste solution

1 Three words are used before nouns: **un**, **une** and **des**.

2 In English, these words mean:
'a' (**une cassette, un chien**)
'some' (**des cassettes**)
or nothing at all (**Ce sont des cassettes?** *Are they cassettes?*)

3

une cassette	**un bracelet**	**des cassettes**
une salle	**un livre**	**des livres**
une classe	**un stylo**	**des BD**
une BD	**un croissant**	**des croissants**

NOTE: The words in the first column are called 'feminine' words: you say **une** (*a*) or **la** (*the*) in front of them. Those in the second column are called 'masculine' words: you say **un** (*a*) or **le** (*the*) in front of them.

Club lecture

Quelle surprise!

Ecoute et lis.

Mot-à-mot

Descends!	Get down!
un lit	a bed
Couché!	Lie down!
pour toi	for you

Chapitre 3

Unité 1

In this unit you will learn how to:

- **ask people where they live**
- **say where you live**
- **use the French alphabet**
- **talk about telephone numbers.**

1 Tu habites où?

Ecoute et répète.

– Tu habites où?
– Près du parc.
– Moi aussi.
– Chic.
– Je t'accompagne?
– Oui. Viens.

2 Salut, je m'appelle Marine

Ecoute et réponds aux questions.

1 Où habite Marie?
2 Où habite Sylvie?
3 Où habite Marine?
4 Où habite Benoît?
5 Où habite Bernard?

Exemple:
1 Elle habite près de l'église.

Bonjour. Je suis Marie. J'habite près de l'église.

Salut. Je suis Sylvie. J'habite près du château.

Salut. Je m'appelle Marine. J'habite près de la gare.

Salut. Je m'appelle Benoît. J'habite près du cinéma.

Bonjour. Je m'appelle Bernard. J'habite près du collège.

3 Quelle est ton adresse?

Ecoute: C'est quel numéro?

Exemple: A 23.

1 Look at the street names on this page. What pattern can you see?

2 Look at these street names – they all contain the name of a place:

Rue (Avenue, Place...) de la Mairie
du Marché
du Parc
de la Gare
de l'Eglise

3 How many ways are there of joining the word **rue** with the name of the place? Can you work out why the changes occur?

A RUE DE LA MAIRIE

B RUE PIGALLE.

C AVENUE DUMONT

D RUE VICTOR HUGO

E RUE DU MARCHÉ

F RUE DE LA GARE

H AVENUE JEAN-JAURÉS

G RUE DE L'EGLISE

I RUE DU PARC

J RUE MUSSET

Sur la piste solution

1 Those streets with names of people are just **rue** and the name; those with places are connected by **du, de la, de l'**.

2 **du, de la, de l'.** If the word is masculine (**le marché**), you say **du** (**du marché**). If the word is feminine (**la Mairie**), you say **de la** (**de la Mairie**). If the word begins with a vowel, you say **de l'** (**de l'église**).

1 L'alphabet

Ecoute et chante.

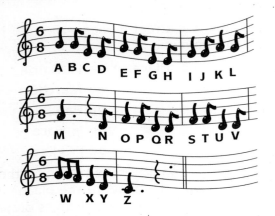

A B C D E F G H I J K L

M N O P Q R S T U V

W X Y Z

Sur la piste

1 Look back through this unit and jot down all the words which mean 'live'.

2 How do you ask where someone lives?

3 How do you say 'he lives', 'she lives'?

4 Read aloud all the words on your list. What do you notice about the final sound of words which begin with **habit**–? Are they all spelt the same?

5 How would you say and write the different forms of the word **aimer**, e.g. **j'aime**…

2 Comment ça s'écrit?

Ecoute. Fais des paires.

A RUE DUMONT

B RUE PIGALLE

C AVENUE BENOÎT

D RUE VICTOR HUGO

E AVENUE MONGE

F RUE POMPIDOU

G RUE MUSSET

H RUE DU STADE

I RUE DE LA GARE

J PLACE STANISLAS

3 Quel est ton numéro de téléphone?

Ecoute. Vrai ou faux?

Exemple: 1 vrai.

Marc   03 22 31 16 18
Marianne   03 22 34 14 08
Luc   02 35 60 50 03
Isabelle   02 35 44 12 36
Osman   03 22 34 60 12
Marine   03 22 45 02 13
Thomas   02 35 55 06 17
Marie   03 22 13 44 51

4 Radio-Ados...

Ecoute. Qui parle? Note les numéros de téléphone.

Exemple: 1 Delphine
tél: 02 35 40 11 35.

1 Delphine
douze ans

2 Daniel
onze ans

4 Eric
dix ans

3 Elisabeth
seize ans

6 Frédéric
quinze ans

5 Solange
quatorze ans

7 Hélène
treize ans

Sur la piste solution

1 j'habite, tu habites, nous habitons

2 Tu habites où?

3 il habite, elle habite

4 Apart from habitons, they all sound alike (j'habite, tu habites, il habite, elle habite), but in writing, tu habites ends in –s.

5 J'aime, tu aimes, il aime, elle aime, nous aimons. Apart from aimons, they all sound alike; in writing, tu aimes has an –s, like tu habites.

Club lecture

Tu m'accompagnes?

Fais des paires. Choisis deux jeunes personnes qui sont dans la même classe et qui habitent dans le même quartier.

ROUTE NATIONALE

RUE DU PARC

AVENUE JEAN-JAURÉS

RUE DE LA MAIRIE

ROUTE DE BARENTIN

RUE MONGE

RUE VICTOR HUGO

RUE MUSSET

RUE PARIS

GRANDE RUE

RUE BENOOT

RUE PIGALLE

RUE DE LA GARE

RUE DUMONT

RUE DE L'EGLISE

5 Stade
3 Parc
1 Piscine
7 Eglise
4 Collège
2 Gare
6 Marché
8 Mairie

> Je suis Pierre. Je suis en 4^{e}A. J'habite près de la gare.

> Je m'appelle Luc. Je suis en 6^{e}A. J'habite tout près du collè, rue du Parc.

> Je m'appelle Marie-France. J'habite au 12 rue de la Gare. Je suis en 4^{e}A.

Je vais au
Collège Albert Camus.
J'ai 12 ans et je
suis en 5eB.
J'habite au
22 rue de Paris.
Je suis fille unique.
Alia.

Je vis avec ma
mère. Elle a
divorcé. Nous
habitons près du
marché. J'ai un
frère, Louis. Il est
en 6eA. Moi, je
suis en 5eB.
Marc

Je vis avec mes
parents. Nous
habitons centre-
ville. Mon adresse, c'est
12 rue Victor Hugo
76130 Mont St Aignan
Au collège,
je suis en 6eA
Isabelle.

Unité 2

In this unit you will learn:

- to say how you get to school
- to talk about the weather
- the months of the year
- to talk about birthdays
- to read and talk about paintings.

1 A pied

Ecoute, lis et répète.

A pied

A vélo

En voiture

En bus

En car

Par le train

2 Comment viens-tu à l'école?

Ecoute. Choisis la bonne réponse.

Exemple: 1A.

1   Pierre dit: Je viens
   A   à pied.
   B   à vélo.
   C   en bus.

2   Luc dit: Je viens
   A   à pied.
   B   en vélomoteur.
   C   à vélo.

3   Corinne dit: Je viens
   A   à pied.
   B   en voiture.
   C   en bus.

4   Alia dit: Je viens
   A   en voiture.
   B   à vélo.
   C   en bus.

5   Mustafa dit: Je viens
   A   à pied.
   B   en vélomoteur.
   C   à vélo.

Sur la piste

Look at these lists:

la voiture	les voitures
le vélo	les vélos
le bus	les bus
l'avion	les avions
le vélomoteur	les vélomoteurs
le car	les cars

Read the lists aloud with a partner. The words in the first list are all singular (one thing only); those in the second list are all plural (more than one thing).

1 How do know this when you **hear** them?

2 How do you know this when you **read** them?

3 Quel temps fait-il?

Ecoute et répète.

A Il fait chaud.

B Il fait froid.

C Il neige.

D Il pleut.

E Il fait du soleil.

F Il fait du vent.

4 La météo

Ecoute, regarde et répète.

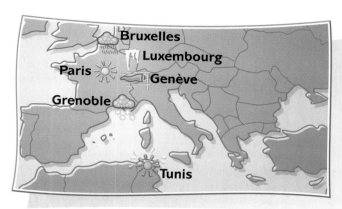

Bruxelles
Luxembourg
Paris
Genève
Grenoble
Tunis

5 Quel temps fait-il à Paris?

Recopie et complète les phrases.

Exemple: *Il fait du soleil à Paris.*

1 Il fait _____ à Paris.

2 Il _____ à Bruxelles.

3 Il _____ à Grenoble.

4 Il fait _____ à Luxembourg.

5 Il fait _____ à Genève.

6 Il fait _____ à Tunis.

Sur la piste solution

1 When you hear them, the words for 'the' sound different: **le, la or l'** are used in the singular. With the word **avions**, you can hear the last letter of **les**, pronounced like a 'z'.

2 When you read or write them, all plural words take **les** instead of **le, la, or l'**, and a final 's' is usually added to the name of the object. Don't pronounce the final 's', though, **unless** the word already ends in an 's' you can hear, like **bus**.

1 Tu viens comment au collège?

Ecoute. Recopie et remplis la grille.

Exemple:

prénom	normalement	quand il fait mauvais
Michel	à pied	en voiture

2 Normalement...

Fais des phrases.

Exemple: Normalement je viens au collège à pied, mais quand il pleut, je viens en bus.

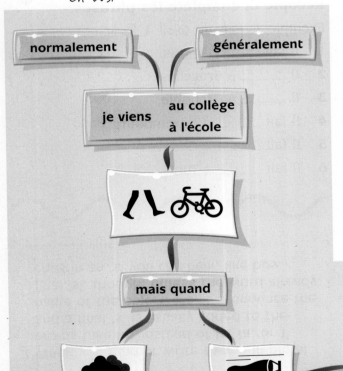

normalement généralement

je viens au collège / à l'école

mais quand

je viens

Résumé

Moyens de transport

à pied	*on foot*	à vélo	*by bike*
en voiture	*by car*	en taxi	*by taxi*
en bus	*by bus*	en car	*by coach*
par le train	*by train*	en vélomoteur	*by moped*

Le temps qu'il fait

Il fait chaud.	*It's hot.*
Il fait froid.	*It's cold.*
Il fait du soleil.	*It's sunny.*
Il fait du vent.	*It's windy.*
Il pleut.	*It's raining.*
Il neige.	*It's snowing.*

To say what you **usually** do, you can use either of these words:

Normalement/généralement je vais à l'école en voiture.

To say **when** use: *quand*

Quand il pleut, je vais à l'école en bus.

3 Les mois de l'année

Ecoute, lis et répète.

mars avril mai

juin juillet août

septembre octobre novembre

décembre janvier février

4 C'est quand, l'anniversaire de Mélanie?

Ecoute et lis. Vrai ou faux?

Exemple: 1 vrai.

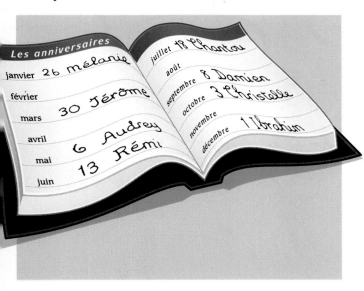

Les anniversaires

janvier 26 mélanie
février 30 Jérôme
mars 6 Audrey
avril 13 Rémi
mai
juin
juillet 18 Chantou
août 8 Damien
septembre 3 Christelle
octobre
novembre 11 Ibrahim
décembre

5 Bon anniversaire!

Regarde la liste des anniversaires. Fais des dialogues avec des partenaires.

Exemple:
— C'est quand l'anniversaire de Mélanie?
— C'est le vingt-six janvier.

6 Et toi?

Fais des dialogues avec des partenaires. Note les informations.

Exemple:
— Salut!
— Salut!
— C'est quand ton anniversaire?
— C'est le treize février.
— Merci.

Club lecture

1 Au musée

Ecoute. Regarde et lis le texte.

1 C'est au bord de la mer. Il y a des arbres. Il fait beau. Les couleurs sont gaies.

2 C'est au bord de la mer. Il fait mauvais. Il fait du vent. Les couleurs sont sombres.

2 C'est beau!

Ecoute, regarde et répète.

Tu aims ça?

Ç'est beau.

Moi, Je trouve ça bizarre.

Ç'est moche.

C'est une maison au bord de la mer. Le ciel est gris. Il fait beau? Je ne sais pas.

4 C'est à la gare. Il fait froid. Il y a de la neige. Il fait sombre. Les couleurs sont sombres.

J'aime les couleurs.

C'est nul.

Pour moi, c'est super.

8 Moi, je trouve ça...

Travaille avec ton/ta partenaire.
Parle des peintures.

Mot-à-mot

Tu aimes ça?	*Do you like that?*
C'est beau.	*It's beautiful.*
Moi, je trouve ça bizarre.	*I think it's strange.*
C'est moche.	*It's awful.*
Pour moi, c'est super.	*I think it's great.*
C'est nul.	*It's lousy.*
J'aime les couleurs.	*I like the colours.*

Unité 3

In this unit you will learn:

- to ask how people come to school
- to talk about time spent going to school
- to talk about the climate in different parts of the world.

1 Francophonie

Ecoute et lis.

Bonjour. Je m'appelle Camara. J'habite Ouassou en Guinée. J'ai treize ans. J'ai deux frères et une sœur. Chez moi, il fait chaud toute l'année. Il pleut beaucoup aussi. Je vais au collège à Ouassou. C'est à une heure à pied. Le collège est à trois kilomètres de chez moi.

Salut. Je m'appelle Sylvie Tournier et je suis du Québec. J'habite à Montréal, pas loin du centre-ville. Je suis fille unique. J'ai onze ans. Je vais à l'école secondaire. Normalement, je vais à l'école en bus, mais quelquefois je prends le métro. L'école n'est pas loin, mais en bus je mets vingt minutes – il y a beaucoup de circulation à Montréal. Chez nous, il fait très froid en hiver et très chaud en été.

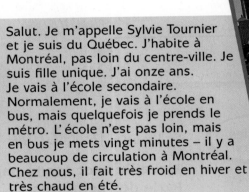

Bonjour. Je m'appelle Jean-François Haezewindt et je viens de Liège. Je suis belge. J'ai un frère, Louis. Il a treize ans et moi, j'ai onze ans. On va à l'école secondaire. L'école est à cinq minutes à vélo. Le climat de chez nous? Il fait assez chaud en été et assez froid en hiver.

2 Qui dit... ?

**Regarde les images et lis le texte.
Fais des paires.**

Exemple: 1 Jean-François.

1 Mon frère m'accompagne à l'école.

2 Je n'ai pas de frères.

3 Je mets cinq minutes pour aller à l'école.

4 Au mois de janvier, comme au mois de juillet, il fait chaud chez moi.

5 Chez nous, il neige en hiver chaque année.

6 L'école est à une heure à pied de la maison.

7 J'ai deux frères.

8 Je viens d'Ouassou.

9 Moi, je mets vingt minutes pour aller à l'école.

10 Moi, j'habite près du centre-ville.

11 Quelquefois je prends le métro.

12 Je suis belge.

Résumé

Les saisons de l'année

au printemps	*in spring*
en été	*in summer*
en automne	*in the autumn*
en hiver	*in winter*

The following words are useful when talking about how often things happen:

souvent	*often*
toute l'année	*all year round*
quelquefois	*sometimes*

3 Et chez Magali?

Vrai ou faux?

Exemple: 1 *faux.*

1 Benjamin va au collège à vélo.

2 Magali va au collège en bus.

3 Marine met une heure pour aller au collège.

4 Marie va au collège à pied.

5 Luc met une demi-heure pour aller au collège.

6 Henri met dix minutes pour aller au collège.

7 Marine va au collège en voiture.

8 Luc prend le bus pour aller au collège.

9 Benjamin habite à trois kilomètres du collège.

10 Magali met douze minutes pour aller au collège.

Benjamin 1 heure, 1 km

Magali douze minutes, 1,5 km

Henri dix minutes, 2 km

Marie douze minutes, 1 km

Marine une minute, 300 m

Luc une demi-heure, 3 km

1 Et toi?

Fais des dialogues avec des partenaires.
Exemple:

Tu vas comment à l'école?

En bus, ou en métro.

Tu mets combien de temps pour aller à l'école?

Cinq minutes.

Tu vas comment au collège?
à pied
en bus
en métro
en voiture
en taxi
Tu mets combien de temps pour aller au collège?
cinq minutes
dix minutes
un quart d'heure (15 minutes)
une demi-heure (30 minutes)
une heure (60 minutes)

2 Quel temps fait-il chez toi?

Ecoute. Fais des paires.

Exemple: 1A.

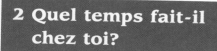

A

B

C

D

E

F

3 Et toi, tu viens de la Guinée?

Ecoute. Recopie et complète la grille.

prénom	âge	pays/ville	transport	minutes	climat été	climat hiver
Christophe	douze ans					
Emile		Namur				
Camara			à pied			
Odile				un quart d'heure		
Marc						
Hélène					chaud	

---

douze ans   onze ans   treize ans   quatorze ans   à pied   en voiture   en métro

cinq minutes   une heure   un quart d'heure   Genève   Montréal   Bex   Ouassou   Conakry

froid   assez chaud   assez froid   il pleut   il neige

Club lecture

1 Dans l'encyclopédie

Lis les extraits. Ne consulte pas le glossaire.

1 Quel est le sens des chiffres (250 000 km², 27 300 000, etc.)?
2 Quel est le sens du mot 'habitants'?
3 Quel est le sens de l'abréviation 'cap.'?
4 Quel est le sens du mot 'langues'?

Relis les extraits. Consulte le glossaire.

BELGIQUE
Royaume de l'Europe occidentale
superficie: 30 507 km²;
habitants: 9 980 000 (belges)
cap.: Bruxelles
langues: français, néerlandais (flamand)

GUINÉE
République de l'Afrique Occidentale
superficie: 250 000 km²
habitants: 7 500 000 (guinéens)
cap.: Conakry
langue: français

CANADA
Etat de l'Amérique du Nord, membre du
Commonwealth
superficie: 9 960 000 km²
habitants: 27 300 000 (canadiens)
cap.: Ottawa
langues: anglais et français

3 Et chez toi?

Recopie les phrases et remplis les blancs.

1 Chez moi, il fait _____ au mois d'août.
2 Chez _____, il _____ beaucoup au mois d'avril.
3 Chez moi, il _____ quelquefois en hiver.
4 Chez moi, il _____ froid au mois de j _____ .
5 Chez moi, _____ _____ _____ .

2 Un peu de géographie

Vrai ou faux?

Exemple: 1 *vrai*.

Les climats

1 Il pleut beaucoup à Conakry au mois de juillet.

2 Il fait chaud à Montréal au mois de juin.

3 Il pleut beaucoup à Namur au mois de mai.

4 Il fait chaud à Conakry au mois de décembre.

5 Il fait froid à Montréal au mois de février.

6 Il pleut beaucoup à Conakry au mois d'août.

7 Il fait froid à Namur au mois de juin.

8 Il fait chaud à Conakry au mois de novembre.

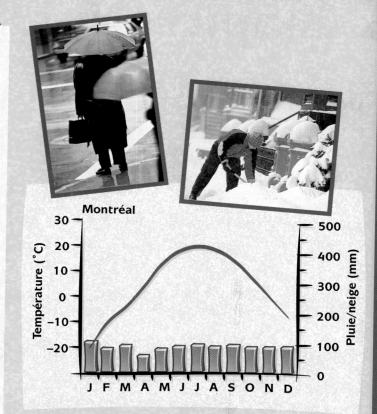

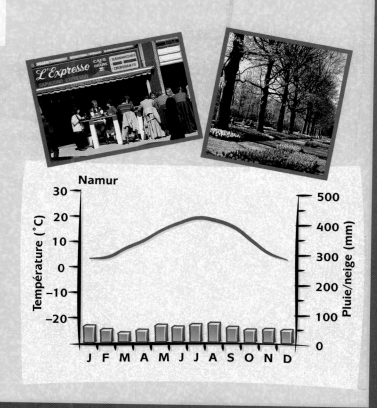

Chapitre 4

Unité 1

In this unit you will learn:

- some classroom instructions
- to say you haven't got something
- words for colours
- to say that something belongs to somebody.

Ecoute et lis.

2 Ecris la date

Dis les commandes à tour de rôle.

Exemple:

Ecris la date.

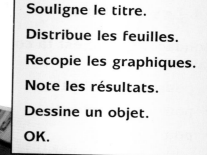

D'accord.

Souligne le titre.

Distribue les feuilles.

Recopie les graphiques.

Note les résultats.

Dessine un objet.

OK.

3 Je n'ai pas de...

Que dit chaque personne?

Exemple: *Eric dit: Je n'ai pas de taille-crayon.*

Dominique

Eric

Léon

Nathalie

Michelle

Jonathan

Fatira

Halim

Jeanne

Marie

cahier   calculette   trousse   livre

taille-crayon   crayons   règle   stylos

sac   gomme

1 Les couleurs

Sondage: Quelle est ta couleur favorite:

- **pour un tee-shirt?**
- **pour un cartable?**
- **pour un vélo?**

Exemple: *Ma couleur favorite pour un tee-shirt est le noir.*

Sur la piste

1 Look back over the last few pages: find two expressions which you can use to ask whether you've done something correctly.

2 To say you've got something, you say: **j'ai un stylo, j'ai un cartable, j'ai des chips.** To say whether another person has something, you say: **elle a une gomme, il a un tee-shirt.** What happens when someone has **not** got something?

Bleu · Rouge · Rose · Noir · Gris · Blanc · Jaune · Marron · Orange · Vert

Sur la piste solution

1 **Comme ça? C'est bon comme ça?**

2 You say **pas de, pas d'** (**Je n'ai pas de stylo, je n'ai pas de chips, elle n'a pas de gomme**). Do you remember **je n'ai pas de frères** from page 51?

NOTE: You don't use **un, une, des** with the words **pas de.**

2 Sondage

Pose ces questions à cinq personnes.
Note les résultats.

Sur la piste

Look at these phrases:

la gomme de Benjamin

les ciseaux de madame Sabouret

le stylo d'Osman

le cahier de Marie

le livre d'Elisabeth

1 How do you say these phrases in English?

2 When do you write **de** and when do you write **d'**?

3 Qu'est-ce qui est bleu?

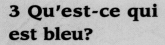

1 Regarde la table numéro 1. Ecoute.

2 Regarde la table numéro 2. Ecoute et réponds.

3 Regarde la table numéro 3. Fais des dialogues.

Exemple: *Qu'est-ce qui est rouge? La gomme de Benjamin.*

Sur la piste solution

1 Benjamin's rubber, Madame Sabouret's scissors, etc.

NOTE: Sometimes in English we say things which are more like the French: the capital of China, the welfare of pupils, etc.

2 You write **de** before names which begin with a consonant, and **d'** before names beginning with a vowel (a, e, i, o, u).

4 Je pense à quelque chose...

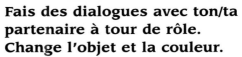

Fais des dialogues avec ton/ta partenaire à tour de rôle. Change l'objet et la couleur.

Exemple:

— *C'est rouge!*

— *C'est le cahier de Philip?*

— *Non.*

— *C'est le stylo de Mary?*

— *Oui, c'est ça. A toi!*

Club lecture

Le journal d'un cosmonaute

**Regarde les planètes. Lis le journal.
Trouve la planète avec les extra-
terrestres.**

lundi	Une petite planète bleue avec une cabane. Pas d'extra-terrestres!
mardi	Une petite planète rouge avec un volcan. Pas d'extra-terrestres!
mercredi	Une grande planète verte avec une rivière. Pas d'extra-terrestres!
jeudi	Une petite planète jaune avec une rivière et un volcan. Pas d'extra-terrestres!
vendredi	Une grande planète rouge avec un lac. Pas d'extra-terrestres!
samedi	Une grande planète bleue avec deux arbres. Pas d'extra-terrestres!
dimanche	Une grande planète rose avec un bon-homme de neige. Pas d'extra-terrestres!

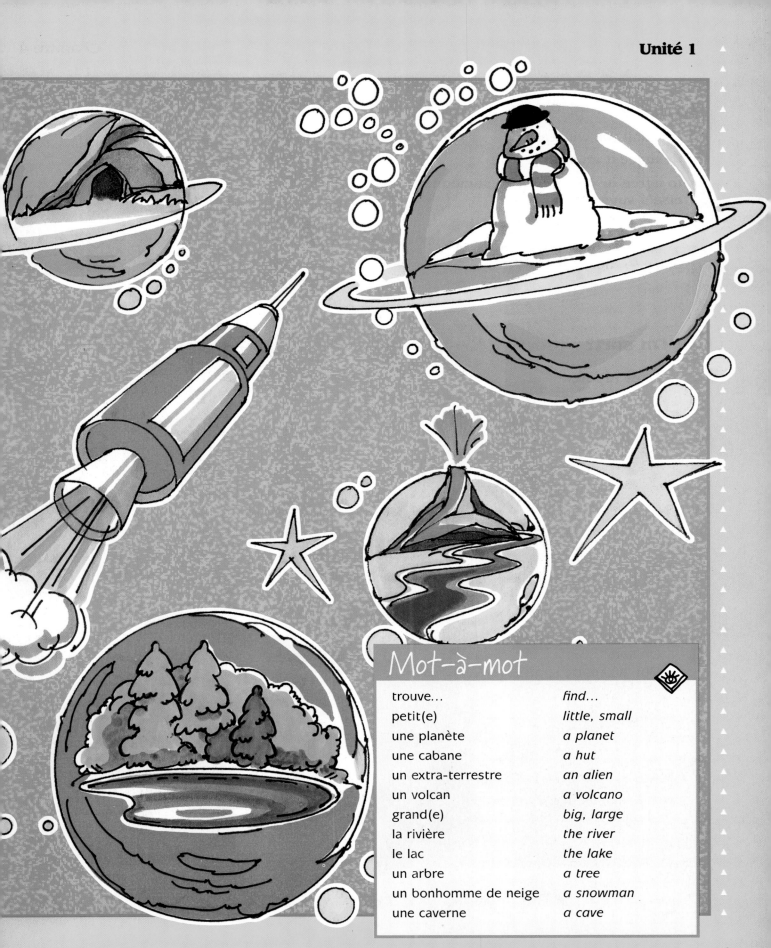

Mot-à-mot

trouve…	*find…*
petit(e)	*little, small*
une planète	*a planet*
une cabane	*a hut*
un extra-terrestre	*an alien*
un volcan	*a volcano*
grand(e)	*big, large*
la rivière	*the river*
le lac	*the lake*
un arbre	*a tree*
un bonhomme de neige	*a snowman*
une caverne	*a cave*

Unité 2

In this unit you will learn:

- **to suggest an outing**
- **to agree or disagree with someone else's suggestion**
- **to give reasons for disagreeing**
- **to suggest or agree a time and place to meet.**

1 On sort?

Ecoute et répète.

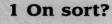

1
- On sort?
- Oui. Où ça?
- A la piscine?
- OK. D'accord.

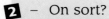

2
- On sort?
- Oui. En ville?
- Ah non. A la patinoire.
- D'accord. Bonne idée.

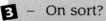

3
- On sort?
- Oui. Au centre sportif?
- Ah, bof... bon, d'accord.

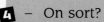

4
- On sort?
- Oui. Où ça?
- A la Maison des jeunes.
- Chouette! D'accord.

2 Tu viens?

Ecoute. On sort. Où ça?
Fais des paires.

Exemple: *1A.*

1  **2**

3  **4**

A **B** **C** **D**

3 Tu acceptes, tu refuses

Ecoute et lis, puis recopie et complète la grille.

Exemple:

paire	sortent ensemble?	destination?
Anne et Marie	✓	patinoire
Henri et Luc		
Marc et Sylvie		
Benjamin et Maryse		
Monique et Georges		

5 Je n'ai pas le temps

Ecoute. Recopie et complète la grille.

Exemple:

	On refuse. Pourquoi?
Luc	Je n'ai pas le temps.
Monique	
Isabelle	
Jean	
Magali	

4 On sort. Tu viens?

Fais des dialogues avec ton/ta partenaire.

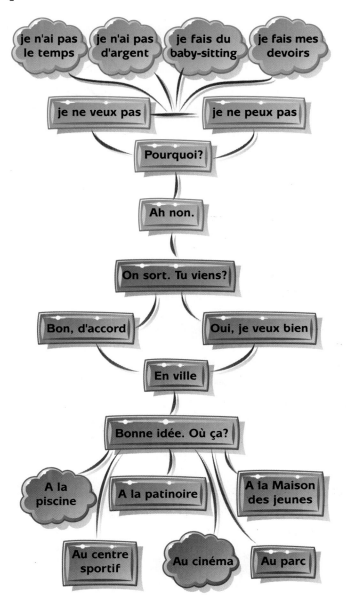

Je fais du baby-sitting.

Je ne veux pas.

Je n'ai pas le temps.

Je n'ai pas d'argent.

Je fais mes devoirs.

1 Rendez-vous quand?

Fais des paires: le rendez-vous et l'heure.

Exemple: 4A.

A Rendez-vous à la gare, à trois heures et demie. Jean

B Rendez-vous chez moi à sept heures et demie.

C Rendez-vous avec Monique à deux heures.

D Rendez-vous à la piscine à quatre heures et demie.

E Club de foot
Rendez-vous au centre sportif à cinq heures et demie.

F Rendez-vous au cinéma à huit heures et demie.

G Je t'invite. Rendez-vous à la patinoire à trois heures

H FAX Rendez-vous chez Stéphanie à deux heures et demie.

1 2 3 4 5 6 7 8

Sur la piste

1 Look back through this unit and find the words for 'doing' and 'going':

je	f ____		je	v ____
tu	f ____		tu	v ____
il	f ____		il	v ____
elle	f ____		elle	v ____
on	f ____		on	v ____

2 Say aloud all those words which come from the verb **faire** (*to do*). Do they sound alike? Is there any difference in spelling?

3 Do the same for those words from the verb **aller** (*to go*). Do they sound alike? Are they spelt the same?

2 Où ça?

Travail de groupe.

Exemple:

> Rendez-vous où, Frédéric?

> Deux heures et demie à la gare. OK?

> A la gare, ça va, mais à trois heures. D'accord?

> Oui, ça va. Et toi, Georges. Tu viens?

> Oui, extra!

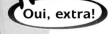

Sur la piste solution

1 je	fais		je	vais
tu	fais		tu	vas
il	fait		il	va
elle	fait		elle	va
on	fait		on	va

2 In writing, **je fais** and **tu fais** end in –s, the others in –t, but they all **sound** alike.

3 **Je vais** sounds different, **vas** and **va** sound alike, but are spelt differently.

Club lecture

1 Casse-tête!

**Lis le texte. Qui va avec qui? Quand?
Où? Pour quelle activité?**

Recopie et complète la grille.

1   Alain a rendez-vous dans le parc.

2   Bernard a rendez-vous à deux heures et demie.

3   Denis a rendez-vous à deux heures et demie.

4   Alain adore le foot.

5   Henri a rendez-vous au centre sportif.

6   Claire a rendez-vous au centre sportif.

qui?	quand?	où?	quelle activité?
Alain et Bernard	2h 30	parc	foot

7   Ali a rendez-vous à trois heures et demie.

8   Françoise adore le tennis.

9   Georges a rendez-vous à trois heures et demie.

10   Denis adore le squash.

11   Claire a rendez-vous à deux heures et demie.

12   Alain a rendez-vous à deux heures et demie.

13   Françoise a rendez-vous à trois heures et demie.

14   Ali va au parc.

2 Bernard a rendez-vous

Fais des phrases.

Exemple: Bernard a rendez-vous avec Alain dans le parc à deux heures et demie. Il aime beaucoup le foot.

15   Claire sort avec Denis.

16   Henri aime le badminton.

Unité 3

In this unit you will learn:

- to talk about what you do regularly
- to ask people what their favourite sport is
- to understand the results of a questionnaire.

1 Je fais du sport

Ecoute et répète.

A Je fais du vélo.

B Je fais du ping-pong.

C Je fais de la danse.

D Je fais de la gymnastique.

E Je fais de la natation.

F Je fais de l'équitation.

G Je fais du canoë.

H Je joue au foot.

I Je joue au badminton.

J Je vais à la pêche.

2 Je joue au foot

Ecoute et regarde les images.
Mets les images dans le bon ordre.

Exemple: 1 H.

3 Quel est ton sport préféré?

Un sondage sur le sport dans un collège en France... voici les résultats.

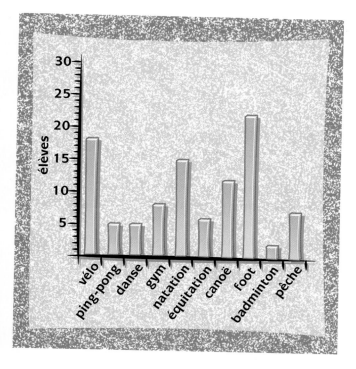

**Regarde les résultats.
Vrai ou faux?**

Exemple: 1 *faux.*

1 Vingt élèves préfèrent le foot.
2 Sept élèves préfèrent le ping-pong.
3 Six élèves préfèrent l'équitation.
4 Huit élèves préfèrent la gymnastique.
5 Cinq élèves préfèrent la natation.
6 Dix-huit élèves préfèrent le vélo.
7 Deux élèves préfèrent le canoë.
8 Seize élèves préfèrent la pêche.
9 Cinq élèves préfèrent la danse.
10 Deux élèves préfèrent le badminton.

4 A toi

Fais un sondage dans ta classe.

Quel est ton sport préféré?

Je préfère le vélo.

5 Fanatique de sport

Lis l'agenda et écoute ces quatre personnes. C'est l'agenda de qui?

lundi	20h00	tennis
mardi	18h00	natation
mercredi	14h00	foot
jeudi	18h00	natation
vendredi	20h00	gymnastique
samedi	15h00	vélo
dimanche	07h00	pêche

1 Beaucoup de sport?

Ecoute. Lis et choisis.

Exemple: 1B.

Léon	⚽	✓✓✓✓✓✓
Florence		✓
Robert		✗
Sandrine		✓✓
Luis		✓✓
Christophe		✓✓✓✓

1 **A** Léon joue un peu au foot.
B Léon joue beaucoup au foot.

2 **A** Florence fait beaucoup de danse.
B Florence fait un peu de danse.

3 **A** Robert ne fait pas de vélo.
B Robert fait beaucoup de vélo.

4 **A** Sandrine joue beaucoup au tennis.
B Sandrine joue un peu au tennis.

5 **A** Luis fait un peu de gymnastique.
B Luis ne fait pas de gymnastique.

6 **A** Christophe joue un peu au basket.
B Christophe joue beaucoup au basket.

2 Famille sportive

Regarde les images. Continue la description.

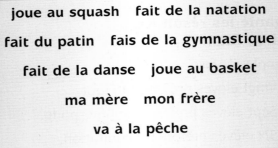

joue au squash   fait de la natation

fait du patin   fais de la gymnastique

fait de la danse   joue au basket

ma mère   mon frère

va à la pêche

fait de l'équitation

Bruno

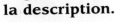

Voici ma famille.
Mon père, Bruno, joue
au foot et fait du vélo.
Ma sœur, Nadine ...

Hélène   **Claire**   **Nadine**   **Olivier**

3 A toi maintenant

Parle de ta famille.

Exemple: Ma mère s'appelle...

4 Salut!

Lis la lettre et écris une réponse.

Sur la piste

1 Look again at the list of activities on page 68. Can you work out when to say **je fais**... and when to say **je joue**...?

2 How would you say in English: **Je vais à la pêche?**

3 Can you work out when to say **au** and when to say **à la**?

4 Can you work out when to say **du, de la**, and **de l'**?

Narbonne
12 mai

Salut,

Je m'appelle Céline. Je suis ta correspondante. J'ai douze ans. Je suis en 6ᵉ au Collège Albert Camus. J'ai deux frères. Moi, je suis très sportive. Je joue au basket et je fais de la gymnastique. Mes deux frères n'aiment pas le sport. Ils préfèrent aller au cinéma ou aller en ville.

Écris-moi vite. Parle-moi de toi et de ta famille. À bientôt.

Grosses bises,
Céline

Sur la piste solution

1 You say **je joue** with some games and **je fais** with other activities.

2 I go fishing/I'm going fishing.

3 Use **au** for masculine words (**le football**) and **à la** for feminine words (**la pêche**).

4 Use **du** for masculine words (**le vélo**), **de la** for feminine words (**la gymnastique**) and **de l'** for words beginning with a vowel (**l'équitation**).

Club lecture

Les pirates

Ecoute et regarde. Lis le texte.

Mot-à-mot

On va voir…	We'll go and see…
Deux heures après.	Two hours later.
Ademain.	See you tomorrow.
Prends-le!	Grab him!

Chapitre 5

Unité 1

In this unit you will learn:
- to say what people are wearing
- to say who owns something
- to say what colour things are.

1 J'adore ton pull!

Ecoute. Fais des paires.

Exemple: 1– A, N.

2 J'aime ton jean

Fais des dialogues avec ton/ta partenaire.

Exemple:

J'aime ton jean.

Merci.

3 Blanc? Blanche?

Fais des paires.

Exemple: 1B.

1 une jupe   **A** blanches

2 des chaussettes   **B** bleue

3 un jean   **C** blancs

4 deux blousons   **D** noir

5 une cravate   **E** rouges

6 un pull   **F** rouge

7 trois robes   **G** noirs

8 des chemisiers   **H** bleu

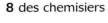

Sur la piste

You have heard the following expressions:

... comme ton pull
J'aime bien ton tee-shirt
... mes baskets aussi
mon jean et mon pull bleu
tes chaussettes bleues
ma jupe noire

1 How many words for 'my' are there in the list?

2 How many words for 'your' are there?

3 Can you work out which word you need with which article of clothing?

4 Tu mets ton pantalon noir?

Travail de groupe. On sort ce soir.
Fais des dialogues.

Exemple:

— Tu mets ton pantalon noir?
— Oui, avec mon pull noir. Et toi?
— Moi, je mets ma jupe bleue et mon chemisier blanc.

Sur la piste solution

1 There are three words for 'my':
mon, ma, mes.

2 There are three words for 'your':
ton, ta, tes.

3 If the word following 'my' or 'your' is masculine (e.g. **un pull, le pull**), you use **mon** or **ton** (e.g. **mon pull, ton pull**).
If the word following 'my' or 'your' is feminine (e.g. **une jupe, la jupe**), you use **ma** or **ta** (e.g. **ma jupe, ta jupe**).
If the word following 'my' or 'your' is plural (more than one) you use **mes** or **tes** (**mes chaussettes, tes chaussettes**).

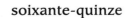

1 Ma famille

Lis et dessine.

C'est mon père. Il s'appelle Cédric. Il est plombier. En semaine, il met son bleu de travail. Le week-end, normalement, il met un jogging vert. Quand il sort il met une veste, une cravate, tout ça.

C'est ma mère. Elle s'appelle Marianne. Elle est institutrice. A l'école, elle porte un chemisier blanc et une jupe bleue. Le week-end, elle met son jogging blanc. Quand elle sort, elle met une belle robe.

C'est ma sœur, Diane. Elle a dix-huit ans et elle est secrétaire. En semaine, elle met un chemisier bleu et une jupe noire. Le week-end et quand elle sort, elle met ses docs, une petite jupe rouge, et son blouson noir. Elle a des boucles d'oreille et un piercing dans le nez.

2 Et toi?

Qu'est-ce que tu mets pour l'école?

Qu'est-ce que tu mets quand tu sors?

Fais deux descriptions en français.

C'est moi. J'ai douze ans. Je m'appelle Brigitte. A l'école, je porte mon pantalon blanc et un pull vert. Quand je sors, je mets mon jogging vert et mes baskets.

C'est Christophe. C'est mon petit frère. Il a neuf ans. A l'école, il porte son jean noir et son pull noir. Le week-end aussi, il met son pull noir et son jean noir.

Dessine.

1 Cédric et Marianne quand ils sortent.
2 Diane quand elle sort le week-end.
3 Brigitte quand elle sort.
4 Christophe quand il sort.

Sur la piste

1 Look at these expressions:
un pull rouge, mes chaussettes blanches, ma jupe noire. Where does the 'colour' word go?

2 Read these phrases aloud, with a partner:
une jupe verte, mon pantalon vert, mes chaussettes vertes, mes chemisiers verts; une chaussette blanche, un chemisier blanc, un pull rouge, une jupe rouge, des jupes rouges.
Do the 'colour' words always sound the same?

3 Look at the way the 'colour' words are written. What differences do you notice?

3 Marianne lave le linge

C'est le week-end. Marianne
lave le linge. Regarde le linge.
Recopie et complète la liste.

bleu: le bleu de travail de Cédric,...
rouge: la jupe de Diane...
blanc: ...
vert: ...
noir: ...

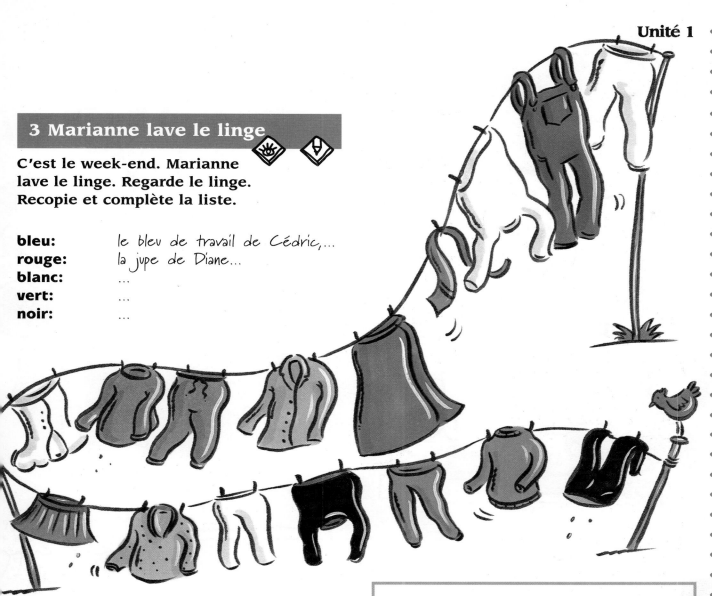

4 Devine!

Travaille avec
ton/ta partenaire.
Regarde les vêtements dans la classe.
Choisis et dessine quelque chose. Ton/ta
partenaire devine ce que c'est.

Exemple:

— Voilà, j'ai fini.
— C'est bleu?
— Non.
— C'est blanc?
— Oui.
— C'est un chemisier blanc?
— Oui, c'est ça. Regarde.

Sur la piste solution

1 The colour word comes after the word it
describes.

2 With feminine words (**une, la, ma**) **jupe,
chemise, chaussette**, you can hear the **t**
in **verte(s)** and the **ch** in **blanche(s)**.
Rouge(s) always sounds the same.

3 There are four ways to spell some of the
colours:
**vert, verte, verts, vertes;
noir, noire, noirs, noires.**
Spelling depends on whether words are
masculine or feminine, singular or plural.
NOTE: marron and **orange** always stay the
same. e.g. **une jupe marron, des pulls
orange.**

Zut alors!

Lis le texte.

78

Mot-à-mot

l'Angleterre	*England*
ma famille anglaise	*my English family*
ce tee-shirt	*this/that T-shirt*
Ça fait combien?	*How much is that?*
Tu les aimes?	*Do you like them?*
Tu me les achètes?	*Will you buy me them?*
Bien sûr, chérie.	*Of course, darling.*
nouveau	*new*
Bof!	*I don't care!*
Bon voyage!	*Have a good trip!*
Zut alors!	*Oh, no!*
des vêtements de poupée	*doll's clothes*

Unité 2

In this unit you will learn:

- to ask about people's plans
- to talk about your own plans
- to say what you think about other people's suggestions.

1 Que fais-tu ce week-end?

Ecoute et regarde. Qui parle?

Exemple: 1G.

2 J'ai rendez-vous

Ecoute et répète.

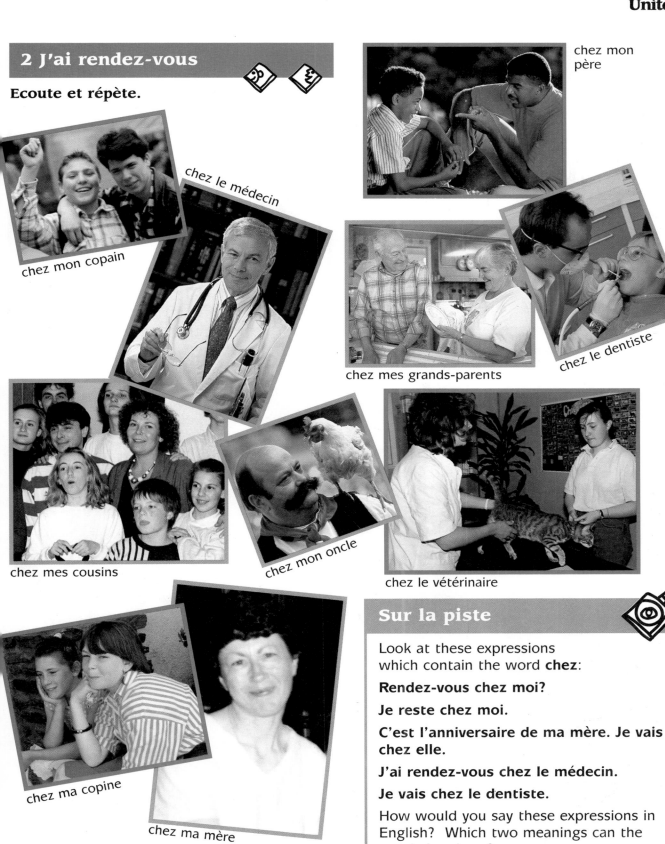

chez mon copain

chez le médecin

chez mon père

chez mes grands-parents

chez le dentiste

chez mes cousins

chez mon oncle

chez le vétérinaire

chez ma copine

chez ma mère

Sur la piste

Look at these expressions which contain the word **chez**:

Rendez-vous chez moi?

Je reste chez moi.

C'est l'anniversaire de ma mère. Je vais chez elle.

J'ai rendez-vous chez le médecin.

Je vais chez le dentiste.

How would you say these expressions in English? Which two meanings can the word **chez** have?

1 Je reste chez moi

Ecoute et lis.

Ce week-end, je ne sais pas encore, mais… je ne fais rien de spécial parce que je fais du baby-sitting. Je joue à l'ordinateur avec ma sœur. J'écoute aussi mes CD et je regarde la télé. Je fais mes devoirs, bien sûr!

Je reste chez moi.

Ce week-end je fais beaucoup de choses. J'ai un match de foot samedi matin. A midi je joue au tennis avec ma copine, Anne. L'après-midi je m'entraîne à la piscine avec mon club de natation. Le soir, je vais en ville avec ma sœur.

Je sors beaucoup.

2 L'anniversaire

Ecoute et lis. Qui parle?

Exemple: 1D.

A

Samedi, c'est l'anniversaire de ma mère. Je vais chez elle. On fête ça, elle et moi.

Ce week-end, c'est l'anniversaire de ma tante, Janine. Elle a trente ans. On mange au restaurant: ma famille, ma tante, mon oncle et mes trois cousins!

C

Ce week-end? C'est super. On fête l'anniversaire de mon père et on va au restaurant. J'adore ça.

D

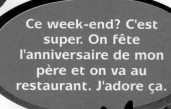

B

C'est l'anniversaire de ma grand-mère ce week-end. On fête ça au restaurant. Elle a soixante ans.

E

Bof. C'est l'anniversaire de ma petite sœur. On a une fête à la maison. Onze petites filles de cinq ans! C'est horrible!

3 Quand? Qui? Où? Avec qui? Quoi faire?

Fais des dialogues avec des partenaires.

Exemple:

— Que fais-tu ce week-end?
— Je vais en ville.
— Avec qui?
— Avec mon frère.
— Pour quoi faire?
— On fait des achats.

Sur la piste solution

Chez can mean 'at' or 'to', e.g. at my house, at the doctor's; **or** to her house, to the dentist's.

NOTE: chez moi, chez toi, chez elle, chez lui (at or to my/your/her/his house).

Que fais-tu	vendredi	soir?
		samedi matin?
	dimanche	après-midi?
	ce	week-end?

| Je vais |
| On va |

| Où ça? |

en ville
à la piscine
au parc
au centre sportif

| Avec qui? |

avec	des copains
	des copines
	mon copain
	ma copine
	mon frère
	ma sœur

| Pour quoi faire? |

On	fait des achats
	fait du VTT
	fait de la gymnastique
	va au cinéma
	joue au foot
	mange au restaurant
	va à la piscine

Club lecture

2

Bonjour.

3

Qu'est-ce qu'on fait?

Pourquoi pas écouter de la musique?

6

Vous voulez jouer au tennis? On a quatre raquettes et des balles...

Je déteste ça! C'est ennuyeux!

9

Alors, maintenant, moi, j'en ai marre! Taisez-vous! Levez-vous! Vous allez promener le chien! Allez!

Mot-à-mot

Pourquoi pas…?	*Why not…?*
J'en ai marre.	*I'm fed up with that.*
Vous voulez…?	*Do you want to….?*
une balle	*a ball*
ennuyeux	*boring*
Je n'ai pas d'argent.	*I haven't got any money.*
alors	*well*
faire une promenade	*to go for a walk*
Taisez-vous!	*Shut up!*

Unité 3

In this unit you will learn:
- **to talk about daily routines**
- **about a bike race.**

1 Un coureur d'une course de vélo junior

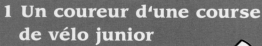

Regarde les images. Lis et écoute.

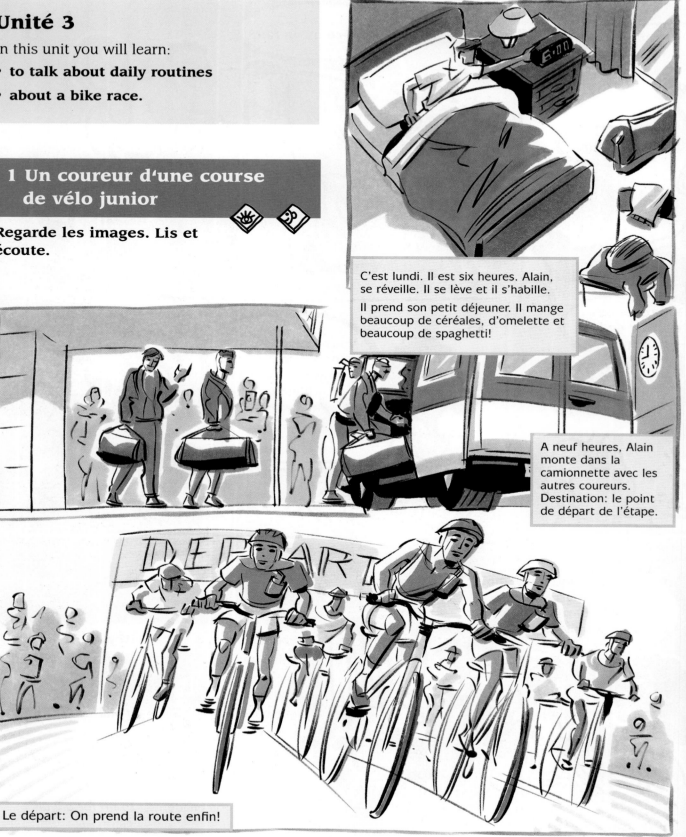

C'est lundi. Il est six heures. Alain, se réveille. Il se lève et il s'habille.

Il prend son petit déjeuner. Il mange beaucoup de céréales, d'omelette et beaucoup de spaghetti!

A neuf heures, Alain monte dans la camionnette avec les autres coureurs. Destination: le point de départ de l'étape.

Le départ: On prend la route enfin!

1 Il se repose

Fais des paires.

Exemple: 1B.

1 Il se repose.
2 Il se couche.
3 Il se réveille.
4 Il se douche.
5 Il se lève.
6 Il s'habille.
7 Il se lave.

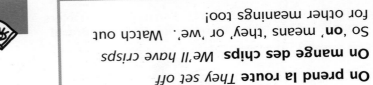

Sur la piste solution

On prend la route *They set off*

On mange des chips *We'll have crisps*

So '**on**' means 'they' or 'we'. Watch out for other meanings too!

Sur la piste

Reread the passage about the cyclist in the race. It contains these expressions:

on prend la route

on mange

on boit

You have already learned to say:

On mange des chips, on boit du Coca, etc.

The word '**on**' has several different meanings. Which two meanings are used in these examples?

2 A toi

Travaille avec ton/ta partenaire.
A tour de rôle, indique un dessin et dis le français.

Exemple: *Il se réveille.*

3 Tu te lèves à quelle heure?

Ecoute. Choisis la bonne réponse.

Exemple: 1B.

1 Jean se lève à…   **A** six heures.

B sept heures.

C huit heures.

2 Jean part à…   **A** huit heures.

B huit heures et quart.

C huit heures et demie.

3 Jean mange…   **A** à la cantine.

B chez lui.

C au café.

4 Jean rentre à…   **A** quatre heures et quart.

B cinq heures cinq.

C cinq heures moins le quart.

5 Brigitte se lève à…   **A** six heures et demie.

B sept heures et demie.

C huit heures et demie.

6 Brigitte part à…   **A** sept heures moins dix.

B sept heures dix.

C huit heures et quart.

7 Brigitte mange…   **A** à la cantine.

B chez elle.

C au café.

8 Brigitte rentre à…   **A** cinq heures moins le quart.

B cinq heures et quart.

C cinq heures et demie.

Résumé

Des questions

Tu pars pour le collège à quelle heure?
At what time do you set out for school?

Tu te lèves à quelle heure?
At what time do you get up?

Tu te couches à quelle heure?
At what time do you go to bed?

Des réponses

Je pars à huit heures.
I leave at eight o'clock.

NOTE: When you want to talk about your own daily routine, you begin with 'Je me …'

Je me lève à sept heures.
I get up at seven o'clock.

Je me couche à dix heures.
I go to bed at ten o'clock.

4 Je me lève

Parle d'une journée typique avec ton/ta partenaire.

Fais une grille et note les réponses.

Exemple:

— Tu te lèves à quelle heure?
— Je me lève à sept heures.
— Tu te laves à quelle heure?
— Je me lave à sept heures et quart.

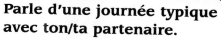

se réveille	mange	se lève	part
se couche	se lave	rentre	

Club lecture

Au travail!

Lis les textes.

Recopie la 'ligne horaire' et marque la routine de chaque personne.

Madame Leclerc est femme de service dans une école primaire. En semaine, elle se lève à cinq heures et demie. Elle commence son travail à sept heures. Elle nettoie les salles de classe et les couloirs. Elle rentre chez elle à huit heures. Elle mange à la maison à midi. L'après-midi, elle travaille encore à l'école, de quatre heures à six heures.

1

3

Gérard est infirmier. Il se lève très tard, à huit heures du soir! C'est qu'il travaille la nuit. Il va à l'hôpital à vélo. Le travail commence à dix heures. Il mange à deux heures du matin. A six heures, il prend son vélo et rentre à la maison. Il dit 'Bonjour' à sa femme, qui part au travail. Il se couche à neuf heures.

| 12h | 1h | 2h | 3h | 4h | 5h | 6h | 7h | 8h | 9h | 10h | 11h | 12h | 1h | 2h |

2 Marc est boulanger. Il se lève tôt: à quatre heures du matin. Il se douche, puis il se met au travail. Il prépare le pain. A sept heures, il prend son petit déjeuner. Il travaille dans son magasin. A midi, il mange. L'après-midi, il fait ses comptes. Le soir, il se couche tôt: à neuf heures.

Madame Vernier est femme d'affaires dans une compagnie qui fabrique des jouets. Généralement, elle se lève à sept heures du matin. A huit heures moins le quart, elle prend le métro. Une demi-heure plus tard, elle arrive au bureau. Elle déjeune au restaurant entre midi et demi et deux heures. Elle rentre chez elle à huit heures du soir.

4

5h 6h 7h 8h 9h 10h 11h

Mot-à-mot

une femme de service	*a cleaner*
nettoie (from nettoyer)	*cleans*
un couloir	*a corridor*
encore	*again*
un boulanger	*a baker*
tôt	*early*
se mettre à	*to start to*
C'est que...	*That's because...*
le pain	*bread*
travailler	*to work*
un magasin	*a shop*
faire ses comptes	*to do your accounts*
un infirmier (m)	*a nurse*
le travail	*work*
une femme d'affaires	*a businesswoman*
fabriquer	*to make*
un jouet	*a toy*
plus tard	*later*
un bureau	*an office*
déjeuner	*to have lunch*

Chapitre 6

Unité 1

In this unit you will learn:

- to ask people in which part of a country they live
- to say what kind of place you live in
- to say what you think of places and why.

Ecoute et répète.

Ludovic
Nord-Est

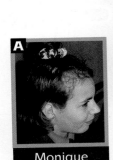
Monique
Nord

Sylvian
Est

Prescilla
Sud-Est

Thomas
Nord-Ouest

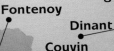

Anvers
Bruges
Ypres
Bree
BELGIQUE
Liège
Fontenoy
Dinant
Couvin

N
NO · NE
O · E
SO · SE
S

Julien
Sud

G
Agnès
Ouest

F
Jeanne
Sud-Ouest

2 Une ville dans l'Ouest

Ecoute. Regarde la carte. Qui parle?

Exemple: 1C.

A Monique **B** Ludovic **C** Sylvain **D** Prescilla

E Julien **F** Jeanne **G** Agnès **H** Thomas

3 Tu habites où?

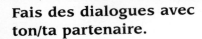

Fais des dialogues avec ton/ta partenaire.

Exemple:

— Tu habites où?

— J'habite à Anvers, dans le Nord.

— Là?

— Oui, c'est ça.

4 C'est où ça?

Ecoute, lis et choisis.

Exemple: 1D.

5 J'habite Strasbourg

**Travaille avec ton/ta partenaire.
Regarde la carte de la France.
A tour de rôle, choisis une ville et fais
des dialogues.**

Exemple:

— J'habite Strasbourg.
— C'est où ça?
— C'est dans l'Est.

ville	village	Nord	Nord-Est
Est	Sud-Est	Sud	Sud-Ouest
Ouest	Nord-Ouest		

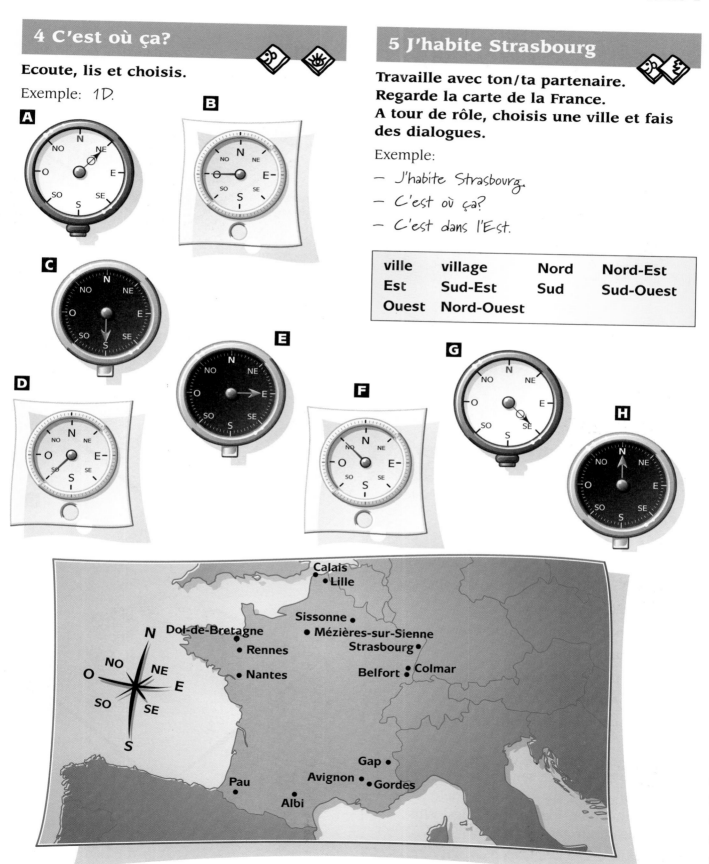

1 Il y a des champs

Ecoute. Fais des paires.

Exemple: 1 C.

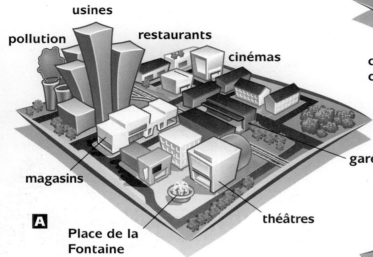

usines

pollution

restaurants

cinémas

magasins

gare

théâtres

A

Place de la Fontaine

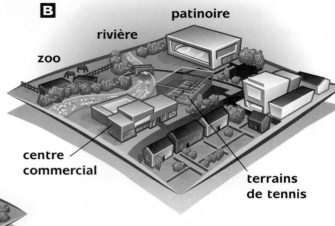

B

patinoire

rivière

zoo

centre commercial

terrains de tennis

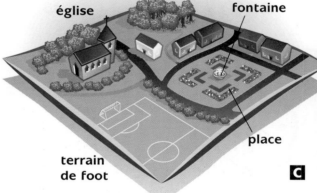

église

fontaine

place

terrain de foot

C

Sur la piste

Look at these sentences. Read them aloud.

Pierre n'a pas de sœurs.

Luc a un frère.

Dans ma ville, il n'y a pas de pollution.

Dans mon village, il y a de la pollution.

Marie n'a pas de vélo.

Je n'ai pas de raquette de tennis.

J'ai un vélo jaune.

Il n'y a pas de piscine.

Dans ma ville, il y a une patinoire.

Dans mon village, il y a des champs.

1 Make two lists, one with negative and one with positive sentences.

2 Say the negative ones aloud with a partner, then the positive ones. What makes them different?

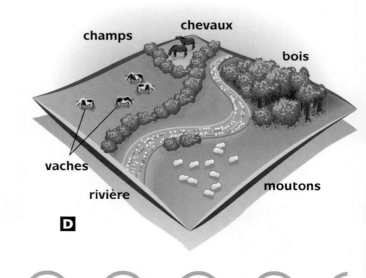

champs

chevaux

bois

vaches

moutons

rivière

D

2 J'habite...

Décris ta ville ou ton village.

Exemple: *J'habite une petite ville dans le Nord. Il y a une piscine et beaucoup de terrains de foot, mais il n'y a pas de patinoire.*

Il y a...

Il n'y a pas de...

Il y a beaucoup de...

Il n'y a pas beaucoup de...

Sur la piste solution

1 Positive:

J'ai un vélo jaune.

Luc a un frère.

Dans mon village, il y a de la pollution.

Dans ma ville, il y a une patinoire.

Dans mon village, il y a des champs.

Négative:

Dans ma ville, il n'y a pas de pollution.

Pierre n'a pas de sœurs.

Marie n'a pas de vélo.

Je n'ai pas de raquette de tennis.

Il n'y a pas de piscine.

2 You can always hear the word **pas** in the negative sentences. In all these examples, you say **pas de**. You also need to use the word **ne (n')**: **Je n'ai pas de vélo.**

3 Comment est ta ville ou ton village?

Parle à ton/ta partenaire de ta ville ou de ton village. Donne ton avis.

Exemple: *J'habite à la campagne. C'est très calme et joli. C'est bien ça mais il n'y a pas beaucoup à faire pour les jeunes. Il n'y a pas de cinéma. C'est nul!*

Je n'aime pas...

Le problème, c'est que...

J'aime beaucoup...

Club lecture

La chasse au trésor

**Regarde la carte. Lis les directions.
Où se trouve le trésor?**

1 Va vers le nord jusqu'au petit champ où il y a des vaches.
2 Va vers l'est jusqu'à la vieille cabane.
3 Va vers le nord jusqu'au lac.
4 Va vers l'ouest jusqu'à la caverne.
5 Va vers le nord jusqu'au pont.
6 Traverse la rivière.
7 Va vers le nord-est jusqu'à la colline.
8 Va vers le sud jusqu'à l'herbe haute.
9 Va vers l'est jusqu'au bois.
10 Va vers le nord jusqu'au volcan.
11 Va vers l'ouest jusqu'au désert.
12 Va vers le nord-est jusqu'à la mer.
13 Suis la rivière vers le sud jusqu'au pont.
14 Traverse le pont et voilà le trésor!

Point de Départ

Mot-à-mot

se trouver	to be (situated)
le trésor	the treasure
jusqu'à	as far as
vieille (vieux)	old
un pont	a bridge
traverser	to cross
une colline	a hill
l'herbe	grass
haut(e)	tall
le bois	the wood
la mer	the sea
suis (from suivre)	follow...

Unité 2

In this unit you will learn:

- **to talk about plans for a stay away from home.**
- **to ask about the meaning of words.**
- **to understand and give directions.**

1 Classes vertes!

Ecoute et lis.

– Alors, les enfants, voici le projet pour nos classes vertes. On va passer trois jours ici, à Arques-la-Bataille. **1**

– On va dans un centre. Ça s'appelle la Maison de la Varenne.
– Chouette!
– C'est au bord de la mer, madame?
– Non, c'est à dix kilomètres de la mer.
– On va se baigner?
– Oui. Il y a une piscine tout près. **2**

– Rendez-vous à huit heures au collège, lundi sept mai...
– Départ à huit heures trente... Une heure plus tard, on arrive au centre.
– A neuf heures et demie, madame? **3**
– Mais oui, Jérôme!

– On s'installe... **4**
– On peut choisir notre lit, madame?
– Oui et non. Les garçons sont ici, les filles là.
– Heureusement!

– Lundi matin, il y a classe...
– Ah, non!
– Si, Marie. On part en classe verte. Ce n'est pas des vacances! **5**

– Lundi après-midi, on va faire une chasse au trésor dans la forêt.
– Chouette! **6**
– Mais madame, on va manger avant?
– Bien sûr! On va manger au centre. C'est un self-service.

– Lundi soir, on va jouer.
– On peut jouer au ping-pong, madame? **7**
– Oui.

– Et puis, mercredi, nos correspondants anglais vont venir.
– Mais je ne parle pas anglais, madame.
– Et mon correspondant ne parle pas français! **8**
– Pas de problème! Vous allez voir!

– Jeudi après-midi, on va visiter une ferme, où on fait du fromage... **9**
– On peut manger du fromage, madame?
– Oui, bien sûr!

2 On va aller dans la forêt?

Lis l'agenda. Trouve les questions.

Exemple: 1 Madame, lundi, on va aller dans la forêt? On peut jouer au football?

Jour	Activité	
1 lundi	forêt?	football?
2 mardi	Dieppe?	basket?
3 mercredi	Paris?	ping-pong?
4 jeudi	tennis?	piscine?
5 vendredi	ferme?	pêche?

Sur la piste

Read the last page again. Look at all the questions the students ask. Look at all those beginning with **On va**...? What are they asking about?

Now look at those beginning **On peut**...? What are they asking about?

3 On peut aller à la pêche?

Travaille avec ton/ta partenaire. Pose des questions et indique l'activité.

Exemple:

On peut...?

Sur la piste solution

On va...?   Are we going to...?
On peut...?   Can we...?

1 Les correspondants arrivent

C'est mercredi.

Les correspondants anglais viennent. On montre des photos. On parle de sa famille, mais il y a des problèmes de vocabulaire.

Ecoute. Recopie et complète la grille.

dialogue	mot français	mot anglais
1	jumelles	twins
2		
3		
4		
5		

Résumé

Asking about words

Comment on dit 'tante' en anglais?
How do you say 'aunt' in English?

'Aunt', c'est bien 'tante' en français?
'Aunt' is 'tante' in French, isn't it?

Comment ça s'écrit?
How do you spell it?

Tu répètes, s'il te plaît?
Would you please say that again?

Comme en anglais? Comme en français?
Like in English? Like in French?

Sur la piste

Look at these lists:

Tu continues tout droit.
Tu tournes à gauche.
Tu tournes à droite.

Je continue tout droit?
Je tourne à gauche?
Je tourne à droite?

1 When would you use the statements in the first list?

2 When would you use the questions in the second list?

3 When would people say: **Vous** continu**ez** tout droit, **vous** tourn**ez** à gauche, **vous** tourn**ez** à droite?

2 Pour aller...?

Ecoute. Sur ta copie du plan, marque les routes indiquées.

Exemple: *Route numéro 1 est marquée.*

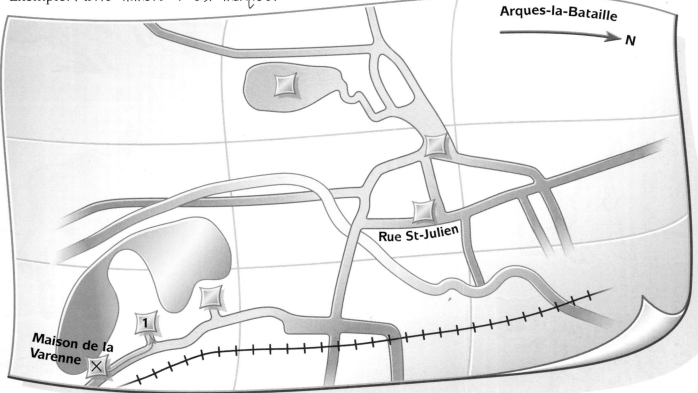

Arques-la-Bataille

N

Rue St-Julien

Maison de la Varenne

3 Je tourne à gauche?

Fais des dialogues avec ton/ta partenaire.

Exemple:

— Pour aller à l'église, s'il te plaît?

— L'église? Tu continues tout droit, puis, au carrefour, tu tournes à gauche.

— Je continue tout droit, et, au carrefour, je tourne à gauche?

— C'est ça. Puis, tu tournes à droite.

— Je tourne à droite?

— Oui.

— Merci.

LEGENDE

1 la piscine
2 le centre sportif
3 l'église
4 la Mairie
5 le château

Sur la piste solution

1 These statements are used to give directions.

2 Use these questions to check that you have understood and remembered the directions.

3 When adults are talking to one another, or when a young person talks to an adult, or to more than one person.

Club lecture

1 Leçon de choses

Lis le poème. Travaille avec ton/ta partenaire. On parle de quoi?

Leçon de choses

– A Paris, mes enfants,
Dans le bois de Vincennes,
Vous verrez des pumas,
Des gnous, des tamanoirs,
Des tigres, des chameaux,
Des kangourous,
des rennes...

– Et des vaches, madame?
On voudrait bien en voir.

J.L.Moreau

2 La Maison de la Varenne

Lis cette page sur la Maison de la Varenne.

Avec ton/ta partenaire, relis la section HEBERGEMENT. Ne consulte pas le glossaire, ni le dictionnaire.

C'est quoi en anglais 'Equipement sanitaire' et 'infirmerie'?

Puis regarde dans le glossaire ou dans un dictionnaire.

Regarde bien les panneaux. Tu comprends bien?

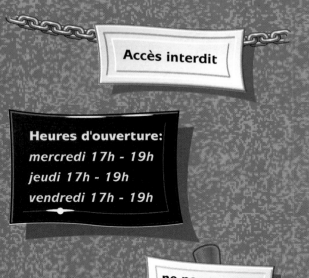

Accès interdit

Heures d'ouverture:
mercredi 17h - 19h
jeudi 17h - 19h
vendredi 17h - 19h

ne pas marcher sur la pelouse

vers le château

danger de mort

LA MAISON DE LA VARENNE est une ancienne ferme du VIIIᵉ siècle, entourée d'étangs.

SITUATION GEOGRAPHIQUE
Ce centre d'hébergement est situé à dix km de Dieppe. La situation géographique très privilégiée permet aux visiteurs de découvrir 'une vallée française' avec ses rivières, sa faune et sa flore.

HEBERGEMENT
Capacité: 59 places.
Equipement sanitaire collectif (lavabos, douches, WC).
Salle de bains réservée aux professeurs.
Réception.
Infirmerie.
Cabine téléphonique (à cartes).

RESTAURATION
Les repas sont servis en self-service.
Restaurant avec véranda.
Possibilités de pique-niques individuels pour les groupes partant en excursion.

ACTIVITES
Une salle de classe et d'activités est à la disposition du groupe.
Salle équipée d'une télévision, vidéo et d'une table de tennis de table.

3 Des questions, des questions...

Relis les informations sur la Maison de la Varenne. Trouve les réponses aux questions suivantes:

1 Comment il s'appelle, le centre?
2 La maison est dans le village?
3 Il y a des douches?
4 On mange dans un café?
5 La piscine est ouverte tous les jours?

Unité 3

In this unit you will learn:

- **to understand and talk about holiday plans**
- **to listen and read about other people's holidays**
- **the names of some wild animals.**

1 Que fais-tu cet été?

Ecoute et lis.

Que fais-tu cet été?

Je vais chez mon oncle à la campagne.

Quelle chance!

Dommage!

Ah non, c'est ennuyeux.

Que fais-tu cet été?

Je fais un stage de musique.

Chouette!

Oui, c'est super!

Que fais-tu cet été?

Je vais chez mes grands-parents en Algérie

Quelle chance!

Fantastique!

Oui, c'est au bord de la mer.

2 Et toi?

**Travaille avec ton/ta partenaire.
Fais des dialogues.**

Rien de spécial. Je ne sais pas encore. Je reste chez moi.

Je vais à la montagne/en Guadeloupe.

Je passe le mois... de juillet/d'août en colonie de vacances.

Je vais... chez ma tante/mon oncle/mes cousins.

Sur la piste

You have been learning to talk about plans for the future:

On va aller à la mer.

On va aller à la plage.

Je vais jouer au ping-pong.

In this unit, people say:

Je vais à la montagne.

Je vais en Guadeloupe.

Je vais chez ma tante.

Je passe le mois d'août à...

With a partner, think how you would say these things in English. What do you notice?

3 A la campagne

Ecoute et choisis.

Exemple: *1C.*

Sur la piste solution

On va aller à la mer.
We are going to go to the sea.

Je vais à la montagne.
I'm going to the mountains.

Did you notice that in both languages, there are two very similar ways of talking about plans for the future?

1 Delphine va en colonie de vacances

Ecoute, regarde les images et lis.

Delphine va en colonie de vacances cet été. Elle part toute seule.

Elle est triste au début. Elle prend le petit déjeuner à huit heures.

Les moniteurs sont très sympas.

Delphine se fait des amis.

Il y a beaucoup…

beaucoup…

beaucoup d'activités.

Elle est triste à la fin!

2 Stage de musique

Ecoute. Quel est le bon ordre?

Exemple: E,...

Club lecture

L'île tropicale

Regarde l'île et lis le texte. De quel bateau voit-on ceci?

Du bateau bleu? Vert? Blanc? Rouge? Du jaune? Ou du violet?

Exemple: 1 Du bateau...

A Il y a… une colline, un arbre, un requin et une rivière.

B Il y a… un tigre, un aigle, un pont, une colline, une rivière et une plage.

C Il y a… une girafe, une cabane, une rivière, une colline et un château.

D Il y a… un gorille, un crocodile, une rivière, une plage et une cabane.

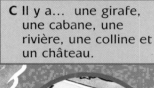

E Il y a… un arbre, un aigle, un tigre et une colline.

F Il y a… un volcan, une girafe, un château, un tigre, une cabane et une colline.

Mot-à-mot

un requin	*a shark*
un aigle	*an eagle*
une plage	*a beach*
un crocodile	*a crocodile*
un flamant	*a flamingo*
un gorille	*a gorilla*
un tigre	*a tiger*
une girafe	*a giraffe*

Grammar

1 Gender

In English, there are three genders. We say **he, she** or **it**, depending what we are talking about. When we talk about something belonging to someone we say **his, her** and **its**. In French, there are only two genders, masculine and feminine. You can tell a word is masculine or feminine by looking at the words that go before it.

Gender

masculine	feminine	plural	English
un un frère un chien	**une** une sœur une gomme	**des** des frères des sœurs	*a/some*
le (l') le frère l'élève	**la (l')** la sœur l'église	**les** les frères les églises	*the*
du (de l') du café de l'argent	**de la (de l')** de la limonade de l'Orangina	**des** des bonbons des cacahuètes	*some*
près du **(près de l')** près du marché près de l'institut	**près de la** **(près de l')** près de la mairie près de l'école	**près des** près des fontaines	*near (to)*
au au marché	**à la (à l')** à la mairie à l'école	**aux** aux Antilles	*to (at)*
il Il est nul!	**elle** Elle est nulle!	**ils, elles** Ils sont nuls! Elles sont nulles!	*he, she, they*
mon, ton, son mon frère ton vélo son chien	**ma, ta, sa** ma sœur ta gomme sa jupe	**mes, tes, ses** mes amis tes chaussures ses frères	*my, your, his/her*
quel Quel temps fait-il?	**quelle** Quelle heure est-il?	**quels/quelles** Quels sont les jours de la semaine? Quelles chaussures?	*what?*

2 Adjectives (describing words)

In French, these usually come after the noun (or thing) that they are describing, e.g. *une gomme **bleue**, une classe **intelligente***. But some adjectives come before the noun, e.g. *mon **petit** frère, un **beau** cadeau.*

Many adjectives change their spelling, and the way they are pronounced, to describe masculine or feminine nouns. This table shows some of the changes, and you can use it to check when you are unsure about the spelling of adjectives in the singular and the plural.

Adjectives

masculine	feminine	plural (masculine and feminine)	English
petit un petit café mon petit frère	**petite** ma petite sœur une petite ville	**petits, petites** mes petits frères mes petites sœurs	*little, small*
rouge un cahier rouge mon pull rouge	**rouge** une jupe rouge ma cravate rouge	**rouges** des pulls rouges des jupes rouges	*red*
vert un cahier vert mon pull vert	**verte** une jupe verte ma cravate verte	**verts, vertes** des cahiers verts des jupes vertes	*green*
blanc un cahier blanc mon pull blanc	**blanche** une robe blanche la maison blanche	**blancs, blanches** des pulls blancs des robes blanches	*white*
marron un blouson marron mon pull marron	**marron** une jupe marron ma cravate marron	**marron** des blousons marron des jupes marron	*brown*

Grammar

3 Verbs

Verbs tell us about **being, having** or **doing**, e.g. *I live in London, I've finished, he is playing football*. The form of the verb which contains 'to' as well as the verb itself, e.g. *to live, to finish, to play*, is called the **infinitive** of the verb. In French, the infinitive of the verb is a single word, e.g. **habiter, finir, jouer**.

Many French verbs have infinitives which end in –**er**, e.g.:

The present tense

In English, there are two kinds of present tense:

- He eats in the canteen (every day).
- He is eating in the canteen (at the moment).

In French there is only one kind of present tense:

- **Il mange**.

In both languages, the present tense is **also** used to talk about **future plans**, e.g.:

Cet après-midi, **je joue** au tennis.

This afternoon, **I'm playing** *tennis.*

habiter		jouer	
j'habite	*I live*	je joue	*I play*
tu habites	*you live*	tu joues	*you play*
il/elle habite	*he/she lives*	il/elle joue	*he/she plays*
on habite	*we live/they live*	on joue	*we play/they play*
nous habitons	*we live*	nous jouons	*we play*
vous habitez	*you live*	vous jouez	*you play*
ils/elles habitent	*they live*	ils/elles jouent	*they play*

Verbs in pairs

Sometimes, in both languages, two verbs are used together, e.g.:

Tu veux jouer? *Do you want to play?*

On va visiter une ferme. *We are going to visit a farm.*

In sentences where two verbs are used together, use the infinitive form for the second verb.

The negative

To say that things are **not** true, or **not** the case,
use **ne** and **pas**. **Ne** goes **before** the verb and **pas** goes **after** it.

Je **ne** sais **pas**.	*I don't know.*
Il **n'**habite **pas** Nice.	*He doesn't live in Nice.*
Ne saute **pas**!	*Don't jump!*
Il **n'**y a **pas** de pollution.	*There isn't any pollution.*
Je **n'**ai **pas** de frères.	*I haven't got any brothers.*
Elle **n'**a **pas** de vélo.	*She hasn't got a bike.*

NOTE: In sentences with nouns like the last three examples, you need to say **pas de**…
A number of verbs are very different from the verbs **habiter** and **jouer**. Here is a table in which
you can check, or find out new 'parts' of the verbs as and when you need them.

infinitive	je/j' (I)	tu (you)	il/elle (he/she)	on (we/they)	nous (we)	vous (you)	ils/elles (they)
avoir	ai	as	a	a	avons	avez	ont
être	suis	es	est	est	sommes	êtes	sont
aller	vais	vas	va	va	allons	allez	vont
faire	fais	fais	fait	fait	faisons	faites	font
venir	viens	viens	vient	vient	venons	venez	viennent
prendre	prends	prends	prend	prend	prenons	prenez	prennent
ouvrir	ouvre	ouvres	ouvre	ouvre	ouvrons	ouvrez	ouvrent
mettre	mets	mets	met	met	mettons	mettez	mettent
pouvoir	peux	peux	peut	peut	pouvons	pouvez	peuvent
vouloir	veux	veux	veut	veut	voulons	voulez	veulent

Language matters

1 Commands

In class

Speaking to one person:

Ecoute!	**Regarde!**	**Coupe là!**
Listen!	*Look!*	*Cut here!*

Speaking to two or more people:

Ecoutez!	**Regardez!**	**Coupez là!**
Listen!	*Look!*	*Cut here!*

In the playground

Speaking to one person:

Saute!	**Joue!**	**Lève-toi!**
Jump!	*Play!*	*Get up!*

Speaking to two or more people:

Sautez!	**Jouez!**	**Levez-vous!**
Jump!	*Play!*	*Get up!*

2 Asking about spelling

Ça s'écrit comment? Comment ça s'écrit?
How do you spell that?

3 Checking meanings

Tu répètes, s'il te plaît?
Would you please say that again?

C'est quoi en anglais?
What is it in English?

Comment dit-on 'chips' en français?
How do you say 'chips' in French?

Comme en anglais?
Like in English?

'Lemonade', c'est bien 'limonade' en français?
'Lemonade' is limonade *in French, isn't it?*

4 Checking that you are getting things right

C'est bien ça?
Is that right?

C'est bon comme ça, madame?
Is this right, Miss?

5 Saying 'Hello', 'Goodbye'

Salut, Michel!
Hello (Hi!) Michel!

Bonjour, Jacques!
Hello, Jacques!

Bonjour, madame!
Good morning/afternoon! (to a woman)

Au revoir, monsieur!
Goodbye! (to a man)

6 Apologising

Excuse-moi, Marianne.
Sorry, Marianne.

Excusez-moi, monsieur.
Sorry. (to a man)

Excusez-moi d'être en retard.
Sorry I'm late.

7 Asking questions and giving information

If you expect the answer to be 'yes' or 'no', you can just say a sentence, raising your voice at the end, e.g.:

Tu habites (à) Paris?

Do you live in Paris?

Tu as des frères et des sœurs?

Have you got any brothers or sisters?

Tu as douze ans?

Are you twelve?

On peut jouer au ping-pong?

Can we play ping-pong?

If you expect some information as the answer, use a question word and don't raise your voice at the end of the question.

Tu t'appelles comment?

What's your name?

Tu habites où?

Where do you live?

As you will see in the examples which follow, in English the question words (what, where) come at the beginning of a sentence. In French, these words can come at the beginning, in the middle, or at the end!

Questions about yourself and others

Comment tu t'appelles?	(Je m'appelle) Benjamin.
What's your name?	*(My name's) Benjamin.*
Quel âge as-tu?	J'ai douze ans.
How old are you?	*I'm twelve.*
Tu habites **où**?	J'habite Brest.
Where do you live?	*I live in Brest.*
C'est **où**, exactement?	C'est en Bretagne.
Where is it exactly?	*It's in Brittany.*

Tu as **combien** de frères?	Je n'ai pas de frères.
How many brothers have you got?	*I haven't got any brothers.*

Questions about school

Comment viens-tu au collège?	Je viens en bus.
How do you get to school?	*I come by bus.*
Tu mets **combien de temps**?	Je mets un quart d'heure.
How long does it take you?	*It takes me a quarter of an hour.*
Tu es en **quelle** classe?	(Je suis) en sixième.
What class are you in?	*(I'm in) year 7.*

Questions about the time of day and of the year

Quelle heure est-il?	Il est cinq heures.
What time is it?	*It's five o'clock.*
Tu manges **à quelle heure**?	(Je mange) à midi.
When do you eat?	*(I have my dinner) at twelve.*
Quelle est la date?	(C'est) le 12 janvier.
What's the date?	*(It's) the twelfth of January.*
C'est **quand**, ton anniversaire?	C'est le 2 février.
When's your birthday?	*It's on the second of February.*
C'est en **quelle** saison?	(C'est) en hiver.
What season is that in?	*(It's) in winter.*

Language matters

Questions about leisure activities

Qu'est-ce que tu aimes faire?
What do you like doing?

Je fais de la danse.
I go dancing.

Tu joues **souvent?**
*Do you play **often?***

Tous les jours.
Every day.

Tu joues **avec qui?**

Who do you play **with**?

(Je joue) avec mes copains.
(I play) with my friends.

Que fais-tu ce week-end?

What are you doing this weekend?

(Ce week-end) je vais chez mon oncle.

(This weekend) I'm going to my uncle's.

Questions about the weather

Quel temps fait-il?
What's the weather like?

Il fait mauvais.
The weather's bad.

Saying How often

Tu fais **beaucoup** de sport?
*Do you play **a lot** of sport?*

souvent
often

beaucoup
a lot

normalement
usually

tous les jours
every day

quelquefois
sometimes

quand il pleut
when it's raining

Normalement, je joue au football tous les jours
Usually, I play football every day.

Mais, **Quand il pleut** je regarde la télé.
But, **when it's raining** I watch TV.

8 Giving your own opinion

C'est super!
It's great!

C'est moche!/C'est nul!
It's rotten/rubbish!

Il est super-nul!
He's hopeless!

Je trouve ça bizarre.
I think that's strange.

Pour moi, c'est extraordinaire!
I think that's extraordinary!

Le problème, c'est qu'il n'y a pas beaucoup à faire.
The problem is that there isn't much to do.

9 Making suggestions and agreeing with other people's suggestions

On sort? D'accord, bonne idée. Chouette! Chic!
Shall we go out? OK, good idea. Great! Fantastic!

On joue au tennis? OK, je veux bien.
Shall we play tennis? OK, that's fine by me.

Pourquoi pas jouer aux cartes?
Why not have a game of cards?

10 Saying no to suggestions

On sort?
Shall we go out?

Non, je n'ai pas envie.
No, I don't feel like it.

On joue au tennis?
Shall we play tennis?

Non, je n'ai pas de raquette.
No, I haven't got a racquet.

11 Talking about likes and dislikes

J'aime le football.
I like football.

J'adore les maths!
I love maths!

Je n'aime pas la géo.
I don't like geography.

Je déteste les pizzas.
I can't stand pizza.

12 Describing things

C'est un beau cadeau.
It's a beautiful present.

C'est mon petit frère.
It's my little brother.

une gomme bleue
a blue rubber

un crayon vert
a green pencil

des baskets blanches
white trainers

13 Saying who owns something

C'est mon stylo.
It's my pen.

C'est ma cassette.
It's my cassette.

C'est ton crayon?
Is this your pencil?

C'est ta trousse?
Is this your pencil case?

Ça, c'est le stylo de Marianne.
That's Marianne's pen.

Et ça, c'est la gomme de Benjamin?
And is that Benjamin's rubber?

Oui, c'est sa gomme.
Yes, it's his rubber.

14 Talking about distance

C'est loin?
Is it far?

C'est à quelle distance?
How far is it?

C'est à une heure à pied.
It's an hour's walk away.

C'est à deux kilomètres de chez moi.
It's two kilometres from where I live.

Glossary

French – English

A

	accès interdit	no entry
	accompagner	to go with, accompany
d'	accord	OK
une	activité	an activity, pastime
une	affiche	an advert, poster
	affreux (-euse)	horrible, terrible
un	agenda	a diary
	allô	hello (phone only)
un	an	a year
	ancien(-ne)	former
une	année	a year
un	anniversaire	a birthday
s'	appeller	to be called
	apporter	to bring
	après	after
un	après-midi	an afternoon
l'	arrivée	the arrival, finishing line
	assez	quite, quite a lot
	aujourd'hui	today
	aussi	also, too
	autre	other
	avant	before
	avec	with
un	avion	an aeroplane
	avoir	to have

B

se	baigner	to bathe, swim
une	barre	a space bar
les	baskets	trainers
un	bateau	a boat
un	bâtonnet de poisson	a fish finger
une	BD	a comic strip
	beaucoup	a lot, many
un	bébé	a baby
	bientôt	soon
un	bleu de travail	an overall
un	blouson	a jacket
	bof	I don't care
	boire	to drink
les	bonbons	sweets
	bonne idée!	good idea!
	bonne nuit	good night
au	bord de	beside
les	bottes	boots
les	boucles d'oreille	ear-rings
	bravo	well done

C

	ça	this, that
	ça va	I'm OK, it's OK
une	cabine téléphonique	a telephone kiosque
les	cacahuètes	peanuts
un	cadeau(-x)	a present
un	café	a café, coffee
un	cahier	an exercise book
une	calculette	a calculator
un	calendrier	a calendar
une	camionnette	a van
la	campagne	the country
une	canne à pêche	a fishing-rod
le	canoë	canoeing
	caoutchouc	rubber
un	carrefour	a crossroads, junction
un	casier	a locker
	ce, cette	this, that
	ceci	this
un	centre commercial	a shopping centre
un	centre d'accueil	a residential centre
un	centre sportif	a sports centre
les	céréales	cereal
un	chameau(-x)	a camel
un	champ	a field
le	championnat	the championship
la	chance	luck
	chanter	to sing
	chaque	each, every
la	chasse au trésor	treasure hunt
le	château	castle
une	chaussette	a sock
une	chaussure	a shoe
une	chemise	a shirt
un	chemisier	a blouse
	cher (chère)	dear
	chercher	to look for
un	cheval (-aux)	a horse
	chic	great
les	chips	crisps
le	chocolat chaud	hot chocolate
les	choses	things
	chouette	great
le	ciel	the sky
la	circulation	traffic
les	ciseaux	scissors
une	classe verte	a school trip

le	collège	secondary school
une	colonie de vacances	a summer camp
une	commande	an instruction
	comme	as, like
	comment	how
	content(-e)	pleased, happy
	contre	against, versus
un	copain	a friend (m)
une	copine	a friend (f)
un(e)	correspondant(-e)	a penfriend
un	corrigé	a correction
se	coucher	to go to bed
	couper	to cut
un	cours	a lesson, class
une	cravate	a tie
un	crayon	a pencil

D

	dans	in(to)
	débrouiller	to sort out
	découvrir	to discover
	décrire	to describe
	dehors	outside
une	demi-heure	half an hour
le	départ	departure, start of race
	dernier (-ière)	last
	dessiner	to draw
	devant	in front of
	deviner	to guess
les	devoirs	homework
le	dîner	evening meal
	dire	to say
à la	disposition	available
	distribuer	to give out
	donner	to give
se	doucher	to shower
	dresser	to draw up, make
	droit	straight
à	droite	on the right
	dur(-e)	hard

E

l'	école	school
	écouter	to listen
l'	église	church
	enfin	at last
	ensemble	together
	entouré(e)	surrounded
s'	entraîner	to train, go training

	entrer	to go in
une	équipe	a team
l'	équipement sanitaire	toilet facilities
l'	équitation	horse-riding
l'	escalade	rock-climbing
l'	est	east
	et	and
un	étang	a lake
une	étape	a stage
l'	état	state
	être	to be
	excusez-moi	excuse me, I'm sorry
	extra	great
un	extrait	an extract

F

	faire	to do, make
	faire des achats	to go shopping
se	faire des amis	to make friends
	faire l'appel	to call the register
la	famille	family
la	faune	fauna
	faux (fausse)	false, wrong
	favori(-te)	favourite
une	ferme	a farm
une	fête	feast (day), party
une	feuille	a sheet, page
un	fils / une fille unique	an only child
la	fin	the end
la	flore	flora
une	fois (une fois par semaine)	time (once a week)
la	forêt	forest
la	francophonie	the French-speaking world
un	frère	a brother
les	frites	chips
le	fromage	cheese

G

un(e)	gagnant(-e)	winner, winning
	gai(-e)	cheerful
un	garçon	a boy
la	gare	station
à	gauche	to the left
un	gilet	a waistcoat
une	glace	an ice-cream
un	gnou	a gnu

une	gomme	a rubber
une	grand-mère	a grandmother
les	grands-parents	grandparents
une	grille	a grid
	gros(-se)	big
	grosses bises	kisses (end of letter)

H

s'	habiller	to get dressed
	habiter	to live
un	hamburger	a beefburger
l'	hébergement	accommodation
l'	heure	hour, time, o'clock
	heureusement	fortunately, luckily

I

	ici	here
une	île	an island
une	image	a picture
	indiquer	to indicate, point out
un(e)	instituteur(-rice)	primary school teacher
l'	intrus	the odd one out

J

un	jeu	a game
	jeune	young
un	jogging	a tracksuit
	joli(-e)	pretty
	jouer	to play
un	jour	a day
une	journée	a day
les	jumeaux (jumelles)	twins
une	jupe	a skirt
	juste	right, correct

L

	là	there
une	langue	a language
un	lavabo	a wash basin
se	laver	to wash
la	lecture	reading
se	lever	to get up
	lever le doigt	to put your hand up
une	ligne	a line
une	ligne horaire	a time line

le	linge	washing
	lire	to read
un	livre	a book
	loin	far, a long way
le	loto	bingo
le	lycée	6th form college

M

la	Mairie	town hall
	mais	but
une	maison	a house
la	Maison des jeunes	youth club
une	maman	a mum
	manger	to eat
le	marché	market
	marcher	to walk
	marquer	to show
le	matin	morning
	mauvais(-e)	bad
le	médecin	doctor
	même	same
une	mère	a mother
la	météo	the weather forecast (office)
le	métro	the Underground
	mettre	to put, put on
à	midi	midday, noon
à	minuit	midnight
un	mois	a month
une	montagne	a mountain
	monter	to get into
	montrer	to show
la	mort	death
un	mot	a word
des	mots croisés	a crossword
des	mots masqués	a word-search
un	mouton	a sheep
(un)	moyen	middle, average (means, mode)
un	musée	a museum

N

la	natation	swimming
le	nez	nose
	non	no
le	nord	north
	notre, nos	our
un	numéro	a number

O

	occidental(-e)	western
un	oncle	an uncle
un	ordinateur	a computer
l'	os	bone
	où	where
l'	ouest	west
	oui	yes

P

un	panneau(-x)	a sign
un	pantalon	trousers
un	papa	a dad
le	papier	paper
	par	by, through
les	parents	parents, relatives
	parler	to speak, talk
	partir	to leave
	passer	to spend
la	patinoire	ice rink
la	pêche	fishing
une	pêche	a peach
la	peinture	painting
la	pelouse	lawn, grass
	penser	to think
un	père	a father
	permettre	to permit, allow
le	petit déjeuner	breakfast
une	phrase	a phrase, sentence
un	pique-nique	a picnic
la	piscine	swimming pool
la	place	square
	plier	to fold
un	plombier	a plumber
le	point de départ	the starting-point
le	poisson	fish
	pollué(-e)	polluted
la	porte	the door
	porter	to wear, carry
	poser	to pose, ask
	pourquoi	why
	premier (-ière)	first
un	prénom	first name
	près de	near (to)
un	professeur	a teacher
	promener	to take for a walk (e.g. dog)
	puis	then, also
un	pull (over)	a pullover, sweater

Q

	qu'est-ce que c'est?	what is it?
un	quart	a quarter
	que	what, which
	quel, quelle	which, what
	quelqu'un	someone
	qui	who
pour	quoi faire	to do what
	quotidien (-ienne)	daily

R

	rangez vos affaires	put your things away
	regarder	to look, watch
une	règle	a rule(r)
	regretter	to regret, be sorry
	relier	to join, connect
	remplir	to fill, complete
un	rendez-vous	an appointment, meeting
un	renne	a reindeer
	rentrer	to go home, go in
le	repas	meal
	répéter	to repeat, rehearse
un	répondeur	an answer phone
une	réponse	an answer
se	reposer	to rest
la	restauration	meals
	rester	to stay
le	résultat	the result
(en)	retard	late
	retourner	to turn round, return
se	réveiller	to wake up
au	revoir	goodbye
	rien	nothing
de	rien	don't mention it
une	robe	a dress
la	route	road
un	royaume	a kingdom
une	rubrique	an instruction
une	rue	a street

S

un	sac	a bag
une	saison	a season
	sale	dirty
une	salle	a room
	salut	hello
une	saucisse	a sausage
une	semaine	a week
le	sens	sense, meaning
une	serveuse	a waitress
la	service (deuxième service)	sitting (second sitting)
	seul(-e)	alone, on his/her own
	seulement	only
le	siècle	century
	s'il vous plaît	please
	situé(-e)	situated
une	sœur	a sister
	sombre	dark
un	sondage	a questionnaire, poll
	sortir	to get out, go out
	souligner	to underline
	sportif (-ive)	sporty, athletic
un	stade	a stadium
un	stage de musique	a music course
un	stylo	a pen
le	sud	south
la	superficie	surface (area)
	sur	on
	surtout	especially

T

un	tableau	a (black)board
un	taille-crayon	a pencil sharpener
	taisez-vous	be quiet
un	tamanoir	an ant eater
une	tante	an aunt
le	temps	time, weather
un	terrain de foot	a football pitch
un	terrain de tennis	a tennis court
la	terrasse	terrace
	tiens	here you are
le	titre	title
à	tour de rôle	in turn
	tourner	to turn
	tous les jours	every day

	tout ça	all that
	tout de suite	straight away
	tout droit	straight on
le	travail à deux	pair work
le	travail de groupe	group work
	très	very
	triste	sad
une	trousse	a pencil case

V

les	vacances	holidays
une	vache	a cow
	venir	to come
	vers	towards
une	veste	a jacket
la	vie	life
une	ville	a town
	visiter	to visit, look at
	vite	quickly
	vivre	to live
	voici	here is
	voilà	here is / are, there is / are
	votre, vos	your
	vrai (-e)	true, right
	vraiment	really
un	VTT (vélo tout terrain)	a mountain bike

WXYZ

les	WC	the lavatory
un	yaourt	a yoghurt

English – French

A

accommodation	l'hébergement
accounts (to do the)	faire ses comptes
activity (pastime)	une activité
advert (poster)	une affiche
aeroplane	un avion
after	après
afternoon	un après-midi
again	encore
against	contre
to allow	permettre
alone	seul(-e)
also	aussi
and	et
answer	une réponse
answer phone	un répondeur
ant eater	un tamanoir
appointment	un rendez-vous
as	comme
to ask (questions)	poser (des questions)
to ask for	demander
athletic	sportif (-ive)
aunt	une tante
available for	à la disposition

B

baby	un bébé
bad	mauvais(-e)
bag	un sac
to bathe	se baigner
to be	être
beach	une plage
bed	un lit
beefburger	un hamburger
before	avant
beside	au bord de
big	gros(-se)
bingo	lotto
birthday	un anniversaire
blouse	un chemisier
board (blackboard)	un tableau
boat	un bateau
bone	un os
book	un livre
boot	une botte
boy	un garçon

breakfast	le petit déjeuner
to bring	apporter
brother	un frère
but	mais

C

café	un café
calculator	une calculette
calendar	un calendrier
camel	un chameau(-x)
canoeing	le canoë
to care (I don't care)	bof
to carry	porter
castle	un château (-x)
centre (residential)	un centre d'accueil
centre (shopping)	un centre commercial
centre (sports)	un centre sportif
century	un siècle
cereals	les céréales
championship	un championnat
cheerful	gai(-e)
cheese	le fromage
child (only)	un fils unique, une fille unique
chips	les frites
coffee	le café
to come	venir
comic strip	une BD
computer	un ordinateur
to connect	relier
correct	juste
correction	un corrigé
country (in the country)	à la campagne
course (music course)	un stage (de musique)
court (tennis court)	un terrain de tennis
cow	une vache
crisps	les chips
crossroads	un carrefour
crossword puzzle	des mots croisés
to cut	couper

D

dad	papa
daily	quotidien (-ienne)
dark	sombre
day	un jour, une journée
dear	cher (chère)
death	la mort
departure	le départ
to describe	décrire
diary	un agenda
dinner	le dîner
dirty	sale
to discover	découvrir
to do, make	faire
doctor	un médecin
door	une porte
to draw	dessiner
dress	une robe
to dress (get dressed)	s'habiller
drink	boire

E

each	chaque
ear-rings	des boucles d'oreille
early	tôt
east	est
to eat	manger
end	la fin
especially	surtout
every (every day)	tous les jours
excuse me	excusez-moi
exercise book	un cahier
extract	un extrait

F

false	faux (fausse)
family	une famille
far (from)	loin de
farm	une ferme
father	un père
fauna	la faune
favourite	favori (-ite)
feast (day)	une fête
field	un champ
to fill (in)	remplir
finishing line (of race)	l'arrivée
first	premier (-ière)

fish	un poisson
fish finger	un bâtonnet de poisson
fishing	la pêche
fishing-rod	une canne à pêche
flora	la flore
to fold	plier
forest	une forêt
former	ancien(-ne)
friend	un copain, une copine
friend (to make friends)	se faire des amis
front (in front of)	devant

G

game	un jeu
to get in (to)	monter
to get up	se lever
to give	donner
to give out	distribuer
gnu	un gnou
to go in	entrer, rentrer
to get, go out	sortir
to go with, accompany	accompagner
goodbye	au revoir
good night	bonne nuit
grandmother	une grand-mère
grandparents	les grands-parents
great	chic, chouette, extra
grid	une grille
to guess	deviner

H

half an hour	une demi-heure
hand (put your hand up)	lever le doigt
happy	content(-e)
hard	dur(-e)
to have	avoir
hello, hi	salut
hello (on phone)	allô
here	ici
here (here you are)	tiens
here is (here are)	voici, voilà
holidays	les vacances
homework	les devoirs
horrible	affreux (-euse)
horse	un cheval (-aux)
horse-riding	l'équitation

hot chocolate	le chocolat chaud
hour	une heure
house	une maison
how	comment
how much	combien

I

ice-cream	une glace
in(to)	dans
to indicate	indiquer
inhabitant	un(e) habitant (-e)
instruction	une commande, une rubrique
island	une île

J

jacket	une veste, un blouson
to join	relier

K

kingdom	un royaume
kiosque (telephone)	une cabine téléphonique
kisses (end of letter)	grosses bises

L

lake	un lac, un étang
language	une langue
large	gros(-se)
last	dernier (-ière)
last (at last)	enfin
late (to be late)	(être) en retard
lavatory	les WC, les toilettes
lawn	la pelouse
to leave	partir
left (on the left)	à gauche
lesson	une classe, un cours
to lie down	se coucher
life	la vie
to like, love	aimer
like	comme
line	une ligne
to list (make a list)	dresser (une liste)
to listen	écouter
to live	habiter
locker	un casier

to look	regarder
to look for	chercher
lot (a lot)	beaucoup
luck	la chance

M

market	le marché
meal	un repas
meals (supplied)	la restauration
meaning	un sens
means (of transport)	un moyen
meeting	un rendez-vous
midday	à midi
middle (average)	moyen
midnight	à minuit
morning	le matin
mother	une mère
mountain bike	un VTT (vélo tout terrain)
mountain	la montagne
mum	une maman
museum	un musée

N

name (first name)	un prénom
name (my name is)	je m'appelle
near (to)	près de
no	non
no entry	accès interdit
north	le nord
nose	le nez
nothing	rien
number	un nombre, un numéro

O

o'clock	une heure
odd (odd one out)	l'intrus
OK	d'accord
OK (I'm OK, it's OK)	ça va
on (to)	sur
once	une fois
only	seulement
other	autre
our	notre, nos
outside	dehors
overall	un bleu de travail

P

painting	une peinture
paper	le papier
peach	une pêche
peanuts	les cacahuètes
pen	un stylo
pencil	un crayon
pencil-case	une trousse
pencil sharpener	un taille-crayon
penfriend	un(e) correspondant(e)
to permit	permettre
phrase	une phrase
picnic	un pique-nique
picture	une image
pitch (football pitch)	un terrain de foot
to play	jouer
please	s'il vous plaît
pleased	content(-e)
to point out	indiquer
poll	un sondage
polluted	pollué(-e)
present	un cadeau(-x)
pretty	joli(-e)
pullover	un pull(over)
to put (on)	mettre
put your things away	rangez vos affaires

Q

quarter	un quart
quickly	vite
quiet (be quiet)	taisez-vous
quite a lot	assez

R

to read	lire
reading	la lecture
really	vraiment
register (call the register)	un appel, faire l'appel
to regret	regretter
to rehearse	répéter
reindeer	un renne
to rest	se reposer
result	le résultat
to return	retourner
right	à droite
right (correct)	vrai(-e), juste

road	une route
road junction	un carrefour
rock-climbing	l'escalade
rubber	le caoutchouc
rule(r)	une règle

S

sad	triste
same	même
sausage	une saucisse
to say	dire
school (primary)	l'école primaire
school (secondary)	le collège
school trip	une classe verte
scissors	les ciseaux
season	une saison
sense	un sens
sentence	une phrase
sheep	un mouton
sheet (paper)	une feuille
shirt	une chemise
shoe	une chaussure
shopping (to go shopping)	faire des achats
to show	marquer, indiquer, montrer
to shower (take a shower)	se doucher
sign	un panneau(-x)
to sing	chanter
sister	une sœur
sitting (second sitting)	le service (deuxième service)
sixth form college	le lycée
skating rink	la patinoire
skirt	une jupe
sky	le ciel
sock	une chaussette
someone	quelqu'un
soon	bientôt
sorry (be sorry)	regretter
sorry (I'm sorry)	excusez-moi
to sort (to sort out)	débrouiller
south	le sud
space bar	la barre
to speak	parler
to spend (time)	passer
sporty	sportif (-ive)
square	une place

stadium	un stade	traffic	la circulation	world (French-speaking)	la francophonie
stage	une étape	to train	s'entraîner	wrong	faux (fausse)
start (of race)	le départ	trainers	les baskets		
starting point	un point de départ	treasure hunt	une chasse au trésor		

state	un état	trousers	un pantalon	year	un an, une année
station	la gare	true	vrai(-e)		
to stay	rester	to turn	tourner	yes	oui
straight (on)	droit, tout droit	turn (in turn)	à tour de rôle	young	jeune
straight away	tout de suite	twins	les jumeaux (jumelles)	your	votre, vos
street	une rue			youth club	la Maison des jeunes
summer camp	une colonie de vacances				

U

surface (area)	la superficie	uncle	un oncle
surrounded	entouré(-e)	Underground	le métro
to swim	se baigner, nager	to underline	souligner

V

swimming	la natation	van	une camionnette
swimming-pool	une piscine	versus	contre
		to visit	visiter

T

W

to talk	parler	waiscoat	un gilet
teacher (primary school)	un instituteur (-rice)	waitress	une serveuse
teacher (secondary)	un professeur	to wake (up)	se réveiller
team	une équipe	to walk	marcher
terrace	une terrasse	walk (take for a walk)	promener
that	ça	to wash	se laver
that	ce, cette	wash basin	un lavabo
there	là	washing	le linge
things	les choses	to wear	porter
this	ce, cette, ceci	weather	le temps, le climat
through	par		
tie	une cravate	weather forecast	la météo
tiger	un tigre	week	une semaine
time	le temps	well done	bravo
time (four times)	une fois (quatre fois)	west	l'ouest
		western	occidental(-e)
time (what time...)	heure (quelle heure...)	what	que, quoi
time line	une ligne horaire	what is it?	qu'est-ce que c'est?
today	aujourd'hui	where	où
together	ensemble	which	que, quel(-le)
toilet facilities	l'équipement sanitaire	who	qui
		why	pourquoi
tour	un tour	winner	un(e) gagnant(-e)
towards	vers		
town	une ville	with	avec
town hall	la Mairie	word	un mot
tracksuit	un jogging	word-search	des mots masqués